新的欧洲法律文化

The New European Legal Culture

（增订版）

[荷兰] 马丁 · W. 海塞林克 / 著
魏磊杰 吴雅婷 / 译

中国法制出版社
CHINA LEGAL PUBLISHING HOUSE

作者简介　马丁 · W. 海塞林克（Martin W. Hesselink），荷兰阿姆斯特丹大学欧洲私法讲席教授，阿姆斯特丹大学欧洲合同法研究中心主任，阿姆斯特丹上诉法院荣誉法官，欧洲民法典研究组、“欧洲私法社会正义研究组”以及“欧洲私法共同核心项目”重要成员，其多部论著先后被译成意大利、波兰、罗马尼亚等国文字，为当下欧洲私法与比较法研究领域的领军人物之一。

译者简介

魏磊杰，法学博士，厦门大学法学院副教授，荷兰蒂尔堡大学（2009—2010 年）、比利时根特大学（2015—2016 年）访问学者，研究兴趣为转型中国的法律与国家治理、比较法律文化。迄今为止，在法学、政治学刊物上发表论文约 45 篇，出版专著 1 部，译著 15 部，其中代表性作品 5 部：《转型时期的法律变革与法律文化：后苏联国家法律移植的审视》（清华大学出版社 2011 年版）、《比较法的认识论与方法论》（法律出版社 2012 年版）、《法窗夜话》（法律出版社 2015 年版）、《法律东方主义》（中国政法大学出版社 2016 年版）以及《比较法视野下的民法典重构研究：聚焦法典编纂的最新趋势》（法律出版社 2016 年版）。

吴雅婷，法学硕士，仰恩大学法学院助教，研究兴趣为私法、比较法律文化。曾在《法律书评》《岳麓法学评论》《厦大法律评论》等法学刊物上发表论文 / 译文多篇，出版译著 1 部：《法学的观念与方法》（法律出版社 2017 年版）。

本书从法理思想、法学方法、法制运作等不同维度介绍欧美的法律传统及当代法律文化的异同。作者对法学的形式主义和实质主义、教义主义和现实主义等方面的探讨尤其具启发性，有助于读者在宏观层面了解当代欧洲法制（尤其是私法）的现状和发展趋向。

—— 陈弘毅（香港大学法律学院教授）

在我国，人们尚未养成精密的法律推理习惯，就已面临着追求法律实质效果的问题。因此，严格说来，我国并不存在着如同欧洲那种“从相对形式化、教义式与实证主义”朝向“更加注重实质效果以及实用主义”转变的法律文化现象。但是，如何在法律的形式主义和实质主义之间取得“合理”的平衡，却是我国法治进程中无法回避的问题，也是对法治具有根本性的问题，应当引起法律人的重视。我以为，此书对我国读者的意义，就在于此。

—— 柳经纬（中国政法大学教授、比较法学研究院学术委员会主任）

此书是关于大陆法系研究的一部当代新著，与梅利曼的经典名著《大陆法系》前后衔接、珠联璧合。后者是对“二战”前两百年欧陆法文化的精致研究和典型描画，但可惜关于大陆法系的历史跟进到 20 世纪 60 年代末便结束；而此书则系统研究了“二战”之后至今的欧陆法文化变迁过程，弥补了梅利曼留下的遗憾。二者交相辉映，合成揽括大陆法系过去与现在的完整图卷。此书的杰出之处，在于以短小篇幅的勾连，透过纷繁复杂的文化现象，系统提炼了大陆法系在全球化、欧洲化以及社会福利化的联合冲击之下所表现出来的崭新样态、特征以及未来可能的发展趋势。其笔触灵动，令人回味，思想悠远，富于启发。

——龙卫球（北京航空航天大学法学院院长、教授）

本书从相互交织的两条线索交替展开欧洲法律文化的观察：出于跻身科学家族的渴望，“传统”欧洲法律文化以形式化为其目标，基于科学观念的反思，“新的”法律文化走向实质化；以民族国家为背景，“传统”欧洲法律文化教义性与实证主义印记深烙，欧洲一体化则催生实用主义及功能主义之“新的”法律文化转型。以数万字篇幅描画数百年变迁，本书堪称驭繁以简之典范。

——朱庆育（浙江大学光华法学院教授）

要通过一部作品了解一个像欧洲这样遥远、庞杂、民情迥异并且迅速演化的法域的晚近发展，至少需要作者学识渊博，作品题材精当，内容及时更新和译笔的准确流畅。本书正是如此。这是一本已然经受住了时间和市场双重考验的法学佳作，值得向每一位有意了解欧洲法律文化的读者推荐。

——凌斌（北京大学法学院教授）

此书不仅全面揭示了现代欧洲私法从形式主义向实质主义的转变及其理论背景，而且提出了新形式主义的命题。欧洲法律文化的此种变迁无疑是法律科学发展到一定阶段的产物，但同时也对立法者和司法者提出了更高的要求。我国正值民法典编纂，能否在满足形式理性的前提下最大限度地实现实质正义，是检验立法质量的重要标准。更为重要的是，如何通过法学教育培养既深谙法律技术又胸怀正义的司法者，亦是新法律文化的必然要求。

—— 吴光荣（国家法官学院教授）

目录

中文版序言 …… 1

一、导论 / 1

二、“9·11事件”以及后现代主义的终结 / 3

三、新民族主义与不成功的欧洲宪法 / 4

四、新的欧盟成员国的到来 / 7

五、共同参考框架进程 / 9

六、结论 / 14

第一章 **传统欧洲法律文化** …… 1

一、概述 / 2

二、立法者 / 4

三、法院 / 8

四、法律学者 / 11

五、法学教育 / 18

六、一些限定性的说明 / 23

七、普通法 / 26

第二章 美国法律文化 …… 29
一、美国法律现实主义 / 31
二、现实主义法学运动的遗产 / 37

第三章 欧洲法律现实主义 …… 41
一、法律现实主义 / 42
二、重构 / 46
三、一些可能的解释 / 52

第四章 欧洲私法：从形式到实质的转变 …… 61
一、具有破坏性的欧盟指令 / 63
二、欧洲法院的实用主义风格 / 84
三、比较法：破坏性角色与功能性方法 / 87
四、法律与 × / 94
五、软法的成功 / 100
六、认真对待博洛尼亚 / 103
七、背景 / 110
八、一些新的形式主义趋势 / 114

第五章 新的欧洲法律文化 …… 129
一、欧洲对形式主义的反抗? / 130

二、新的欧洲法律文化的诸多表现 / 131

三、反形式主义的价值 / 133

四、形式主义的价值 / 137

五、绝不会仍保持不变的内国法 / 142

第六章 **欧洲私法及其科学研究方法** ········· 145

一、引言 / 146

二、如何成为一门科学 / 147

三、法学研究是科学的吗? / 164

四、法律方法有何优点? / 176

五、迈向一种欧洲法律方法 / 184

六、结语 / 202

书评一 **欧洲法律文化的新趋势** ········· 205

书评二 **法律的衣装与内核** ········· 211

书评三 **欧洲私法演进之方向** ········· 225

初版译后记 / 229

增订版译后记 / 237

中文版序言

马丁·W. 海塞林克

一、导论

自从我写作《新的欧洲法律文化》一书，[1] 迄今已近十年。在这本著作中，我认为欧洲私法正在从一种较为形式化、教义式以及实证主义的方法转向一种更加以实质结果为导向的、实用主义的方法。“欧盟指令采用的工具主义、印象主义方法、欧洲法院判决的实用主义风格、比较法的功能主义方法以及所扮演的破坏性角色、法律学者提出的外在的经济、文化以及政治视角、基于实质权威而非形式立法而造就的软法的成功以及因

[1] M.W. Hesselink, *The New European Legal Culture* (Deventer: Kluwer, 2001). 本书现已售罄，但相同内容作为一章（第二章：第 11—71 页）已被置于我的另一本书中再版，参见 M.W. Hesselink, *The New European Private Law; Essays on the Future of Private Law in Europe* (The Hague, London & Boston: Kluwer Law International 2002).

为博洛尼亚宣言之实施而促发的法学教育的解实证化趋势等一系列因素的共同促成之下，较之于内国法律文化，在很大程度上，欧洲法律文化日趋呈现出更少的形式化、教义化以及实证主义的样态。”“可以说，正是这些彼此不同但却内在相连的发展趋势以及一般私法的欧洲化造就了新的欧洲法律文化。”本书中文版的问世，恰可为我提供对此发展进程进行再次梳理的一次不错时机。[2] 在十年后的欧洲，一种不那么形式化的法律文化是否已然呈现抑或当前存在一种恰恰相反的发展态势？在此序言中，我认为，当前欧洲整体呈现的是一幅混杂的图景：既具有新形式主义的各种样态又存在诸多彰显偏重追求实质结果之私法方法的例证。由此，我将探讨以下四个重要事件以及它们对欧洲法律文化的意涵（implications）：“9・11 事件”之后后现代主义时代的突然终结（第二部分）；不成功的欧洲宪法以及与之相连的新民族主义（第三部分）；欧盟东扩（第四部分）以及“共同参考框架”（CFR）进程（第五部分）。最后，我将得出如此结论：在当下欧洲，总体而言，新形式主义的发展趋

[2] 本书现已被译为意大利文（*La nuova cultura giuridica Europea* , Napoli: Edizioni Scientifiche Italiane 2005）、罗马尼亚文（‘Noua cultură legală europeană’ in: *Studii de Drept Privat Comparat*, Bucharest: Themis Cart 2008, pp. 5-70）以及荷兰文（缩减版）（‘De nieuwe Europese rechtscultuur’, in: A.F Salomons, M.W. Hesselink en C.E. du Perron, *Uitgesproken teksten*, Amsterdam: Vossiuspers UvA, 2001, pp.19-30）。

势似乎更为强劲（第六部分）。

二、"9·11事件"以及后现代主义的终结

在我写作本书之时，后现代主义在各个领域仍非常兴盛，当然法学领域也概莫能外。[3] 的确，在本书中，我列举了一种新的、后形式主义的欧洲法律文化的诸多表现（诸如"分裂性的欧盟指令"、比较法的"破坏性效用"[4]）大体上都具有某种后现代主义的意味。然而，此种知识风气伴随2001年的"9·11事件"而突然发生了剧烈转变。在很多人看来，在纽约双子塔遭受恐怖袭击后，我们所处的时代似乎突然变得复杂起来以至于无法被解构与相对化。从那时起，便出现了一种重新鼓吹确定性、稳定性以及客观性的诉求。在法律学术领域，彰显此种诉求的一个例子即为新经验主义（neo-empiricism）新近获得的成功。科学是衡量任何事物的标尺。虽然"法律实证研究"（empirical legal studies）更多的是对新古典主义经济模式（建基于诸多不切实际之假定）而非规范性法律分析（除了一些事实

---

[3] 例如可参见J.H.M. van Erp, 'European Private Law: Postmodern Dilemmas and Choices. Towards a Method of Adequate Comparative Legal Analysis', vol 3.1, *Electronic Journal of Comparative Law*, (August 1999).

[4] 分别参见本书第四章第一节和第三节。

性推定外，本身很难被量化）之既有缺陷的一种回应，但它却无疑为开创一种新的知识风气做出了示范。[5]取代以往对颠覆性理论的青睐，人们重新恢复了对详实数据（hard data）的强劲渴求。详言之，就欧洲法律文化而言，大约十年前，虽然我在本书中做出了法律体系必然呈现破碎化和内部不协调性之论断，但不可否认，当前编纂一部欧洲民法典的提议正在获得越来越多的明确支持。[6]与此同时，诸如“共同核心项目”之类的科研工程——并不意在致力于法律规则的制定，而更多具有解构性意图（明显与被认可的“法系”观念相连）——在当下的学术语境中仅具有相对次要的地位。

三、新民族主义与不成功的欧洲宪法

本书的主要论点包含两个层面：其一，一种新的欧洲法律文化正在形成；其二，较之欧洲当前存在的诸内国法律文化，新的欧洲法律文化明显不那么形式主义。后现代主义的终结可说明第二个层面的当前面貌（如法律文化的性质），但第一个层

---

[5]《法律实证研究杂志》创刊于 2004 年。

[6] 例如可参见 H. Collins, *The European Civil Code: the way forward* (Cambridge: CUP, 2008).

面，特别是其所展示的法律的“欧洲化”样态，当下情形又是怎样？

当由《欧盟条约》所确立的《欧洲宪法》于2005年5月在法国和荷兰的全民公决中被拒绝后，甚至对于众多政治和文化精英而言，也不得不承认这样的论断：旨在进一步实现欧洲一体化的新举措缺乏广泛的民众支持。对于私法的欧洲化而言，此种情形具有同样的意涵。欧洲议会副议长戴安娜·沃利斯（Diana Wallis）似乎也充分地意识到了这个新的问题。她指出：“对于促成类似欧洲民法典那样的任何事物，现在似乎时机未到；如果欧洲的选民们不想拥有一部欧洲宪法，那么强加于他们身上一部欧洲民法典，甚或仅仅一部欧洲合同法典，几乎也是不合时宜。政治进程与政治环境仍旧尚未成熟；尽管如此，就欧洲宪法而言，意在推动更大程度之法律协调的实际论证工作仍可继续。”[7]

当然，此种宪法层面上的挫败仅是整个欧洲政治风气重大转向的一个体现。纵观整个欧洲，文化多元主义（multiculturalism）、世界大同主义（cosmopolitanism）以及后民族主义迅速为仇外

---

[7] D. Wallis, ‘European Contract Law – The Way Forward: Political Context, Parliament’s Preoccupations and Process’ in: *ERA-Forum Special Issue on European Contract Law - Developing the Principles for a “Common Frame of Reference” for European Contract Law* (Trier, 2006), pp. 8-11, 8.

主义（xenophobia）、新民族主义（neo-nationalism）以及（贸易）保护主义（protectionism）所取代。诸如印度那样的以前被视为需要我们援助的亚洲国家，似乎一夜之间成了我们最危险的竞争者甚至是一个重大威胁，尽管这些国家人民的生活标准较之以往有所提高，但（就 GDP、生活能力或任何其他标准而言）与我们相比仍非常落后（日均收入低于 1 欧元）。在最近的金融危机中，诸国政府开始以放弃在其邻国（如比利时）获取直接工作机会的代价来对本国的大型企业（如 ABN 银行、欧宝汽车等）施以援手。土耳其，虽然其整个历史（奥斯曼帝国的君士坦丁堡）与多数其他欧洲国家紧密交织在一起，但却不被允许加入欧盟，原因就在于其是一个“异质文化”国家（大多数土耳其公民为穆斯林）。

在法律领域，一个明显的例子即为德国宪法法院在其近期做出的关于《里斯本条约》的判决中公然使用民族主义的话语（“德意志民族”）。[8] 当然，在私法领域，对于来自布鲁塞尔欧

---

[8] BVerfG, 2 BvE 2/08 vom 30.6.2009, Absatz-Nr. (1-421). 为了避免任何困惑，此处我采用的“民族主义”这一概念意指“认为政治机关和国家机关应当彼此协同的一种政治原则”，除此之外，并无他意。See E. Gellner, *Nations and Nationalism*, 2nd ed. (Oxford: Blackwell Publishing, 2006), p. 1. 对于其他类似定义，可参见 E.J. Hobsbawm, *Nations and Nationalism; Programme*, Myth, Reality (Cambridge: CUP, 1990), p.9; J. Leerssen, *National Thought in Europe; A Cultural History* (Amsterdam: Amsterdam University Press, 2006), p.14.

盟指令的抵制也并非什么新鲜之事，只不过较之以往，不同之处在于观察问题的视角发生了改变。十年前，围绕欧洲私法而展开的论争主要是一种国际性论争。当时，涌现了很多国际性科研项目、研究小组以及相伴而来的召开了很多国际性会议。今天，很多学者和其他法律工作者更多地采用一种内在、内国的视角，聚焦于欧盟私法对其内国法律体系所具有的潜在影响（当然，这部分得益于欧盟现行私法的稳步增多以及由此而来的将欧盟法转化为内国法的大规模行动）。

话虽如此，但当下的潮流可能再次发生改变。毕竟，2009年12月生效的《里斯本条约》将可能引发新一轮的欧洲一体化进程。就欧盟私法而言，在爱尔兰完成第二次全民公决以及捷克总统最终批准《里斯本条约》之后，欧盟委员会可能再次鼓起提出诸如“欧洲消费者合同法典”或“可选择性合同法典”之类的更为宏大计划的信心。

四、新的欧盟成员国的到来

对于欧洲而言，另一个重大变化则是一些新的国家加入欧盟。从2004年到2007年，十个中东欧国家成为欧盟新的成员国。那么，这些前社会主义国家对于正在形成中的欧洲法律文化产生了何种影响？当然，仅在事件发生五年后就评估其效果，可能有些为时过早。但看上去，较之（对现状）心存不满的那些身处“老欧洲”的同人们，这些新成员国的公民似乎并不必然会对欧盟表现出更多的热情。的确，在这些新的欧盟成员国中（特别是波兰和捷克），存在一些最为狂热的反对欧洲一体化者（Euro-sceptics）与民族主义政治家。这一点，在批准《里斯本条约》的过程中，就已彰显无遗。

详言之，就法律文化而言，看上去似乎存在一种试图重新发掘共产主义之前内国法律文化根源的趋向。将这些国家称为“前共产主义国家”或“东欧国家”（而非“中欧国家”）的做法——多少有些“欧洲东方主义”(Euro-orientalism)[9]的意味——往往让他们感到不快。[10]然而，其实这个问题本身就存在争议。有些学者列举了即使在柏林墙倒塌二十年后的今天共产主义法律仍旧发挥影响的诸多例子，并批评诸如克莰那样的比较法学家所做出的欧洲共产主义法律文化已经“死亡并被埋葬”

[9] See e.g. M. Safjan & A. Wiewiórowska – Domagalska, ‘Political foundations of private European law – what kind of division lines do we need?’, in R. Brownsword, H. Micklitz, L. Niglia and S. Weatherill (eds.) *The Foundations of European Private Law* (Oxford: Hart publishing, 2010).

[10] Cf. E. Said, *Orientalism* (London: Penguin Classics, 2003 [1978]).

的论断。[11]那么，此种情形的存在对于欧洲法律文化具有何种意涵？整体而言，似乎可以不失公允地这样说：新的成员国的到来并未使得欧洲法律文化更加朝向不那么形式主义的方向转变。恰恰相反，总体而言，这些新的成员国似乎更为热衷于秉持我在本书中所提到的代表“传统法律文化”的教义主义和实证主义的私法方法。

五、共同参考框架进程

第四个重要事件乃是《行动纲要》以及相伴而来的共同参考框架进程。虽然这一事件本身对于欧洲乃至整个世界意义并非十分重大，但对欧洲私法而言，它却具有潜在的重大意义。欧盟委员会在2003年发布了一项名为“更为协调的一部欧洲合同法：行动纲要”的通信。在这份纲要中，被明确阐述的首要目标即在于“在合同法领域增强欧盟现行私法（EC acquis）

---

[11] R. Mańko, ‘Is the Socialist Legal Tradition《Dead and Buried》? The Continuity of Certain Elements of Socialist Legal Culture in Polish Civil Procedure’, in: T. Wilhelmsson, E. Paunio, A. Pohjolainen (eds.), *Private Law and the Many Cultures of Europe* (Alphen a/d Rijn: Kluwer Law International, 2007), p. 83. Cf. K. Zweigert & H. Kötz, *An Introduction to Comparative Law* (Oxford: Clarendon, 1998) (Preface to the 3rd edition).

的内在协调程度”[12]。而实现该目标的主要工具将会是一部名为《共同参考框架》（CFR）的文件。欧盟委员会声称，共同参考框架将会是一部“有助于欧盟诸机构确保欧盟现行以及未来私法在合同法领域内达致更大程度之内在协调的公开的、容易获得的文件”[13]；同时，该文件也将由法律学者负责草拟。在此种大背景下，学术性的《共同参考框架》草案于2009年出版。[14]那么，这种新变化如何与新的欧洲法律文化的整体图景相契合？

毋庸置疑，共同参考框架的出台将有助于欧洲共同法律文化的进一步形成。通过为我们提供可供讨论（以及讲授）的一种共同私法话语（确切地说是一种共同的参考框架），以及在很大程度上可为我们提供可供欧洲诸国公民交易之时采用的一种共同的标准模式与价值模式，共同参考框架可在塑造欧洲共同法律文化的过程中扮演一个关键性角色。从更宏观的意义上来说，诚如休·柯林斯（Hugh Collins）和拜内迪克特·佛瓦

[12] *Communication from the Commission to the Council and the European Parliament, A More Coherent European Contract Law, an Action Plan*, Brussels, 12.2.2003, COM(2003) 68 final, p. 2 (Executive Summary).

[13] 同上注，第59页。

[14] C. von Bar et al. (eds.), *Principles, Definitions and Model Rules of European Private Law; Draft Common Frame of Reference (DCFR) Outline Edition* (Munich: Sellier, 2009), hereafter: DCFR.

克・高桑（Bénédicte Fauvarque-Cosson）近来所鼓吹的那样，[15]共同参考框架可能有助于欧洲市民社会的形成。总之，共同参考框架可能由此成为学者所声言的欧洲民族主义（Euro-nationalism）的象征。即使将视角局限于法律方法论层面来谈，共同参考框架也可能在形成一种欧洲法律方法（European legal method）的过程中扮演核心角色。[16]

尽管如此，如虑及后形式主义的其他层面，则整个图景可能更为复杂。一方面，共同参考框架，正如其前身《欧洲合同法通则》那样，[17]可被视为软法成功的另一例证。对于当前这部“学术化”的共同参考框架草案而言，的确如此。虽然在任何形式意义上都不能将这部草案视为法律，但其当前却获得了欧

---

[15] See H. Collins, *The European Civil Code: the way forward* (Cambridge: CUP, 2008) and B. Fauvarque-Cosson, ‘Theoretical foundations of European private law: the need for codified guiding principles and model rules in contract law’, in: R. Brownsword, H. Micklitz, L. Niglia and S. Weatherill (eds.) *The Foundations of European Private Law* (Oxford: Hart publishing, 2010).

[16] See M.W. Hesselink, ‘The Common Frame of Reference as a source of European private law’, 83 *Tulane Law Review* 4 (2009), pp. 919-971.

[17] H. Beale & O. Lando (eds.), *Principles of European Contract Law, Parts I and II*, Prepared by the Commission on European Contract Law (The Hague: Kluwer Law International, 2000); O. Lando, E. Clive, A. Prüm & R. Zimmerman (eds.), *Principles of European Contract Law, Part III*, prepared by the Commission on European Contract Law (The Hague: Kluwer Law International, 2003).

洲议会的高度重视：欧洲议会意在以此为契机对欧盟委员会关于消费者权利指令的提议进行修订。[18] 例如，欧盟委员会、欧洲理事会以及欧洲议会意在使其自身（如通过机构间的协议）在某种程度上（如秉持“不遵守则须说明”规则）受制于一种“政治性”的共同参考框架之约束，那么在一定程度上共同参考框架所扮演的将会是一个更为形式化的角色。显而易见，对于脱胎于共同参考框架的一部可选择性的法典而言，更是如此。[19] 然而，此设想之实现并非易事，毕竟，明显缺乏这样一个法律基础：基于此法律基础，欧洲立法机关可享有制定类似共同参考框架（欧洲综合财产法）那样的立法权力。[20]

然而，从另一方面而言，共同参考框架很可能在整个欧洲

---

[18] *Proposal for a directive of the European Parliament and of the Council on consumer rights*, Brussels, 8.10.2008, COM (2008) 614 final.

[19] 对于通过点击表示欧洲旗帜的一个专用标记，让在线购物的消费者选择一部欧洲法典之可行性的探讨，参见 H. Schulte-Nölke, ‘EC Law on the formation of contract - from the Common Frame of Reference to the “Blue Button” ’, 3 *ERCL* 2007, pp. 332-349.

[20] See M.W. Hesselink, J.W. Rutgers, T.Q. de Booys, The legal basis for an optional instrument on European contract law; Short study for the European Parliament on the different options for a future instrument on a Common Frame of Reference (CFR) in EU contract law, in particular the legal form and the legal basis for any future optional instrument, PE 393.280 (February 2008) (available at SSRN: http://ssrn.com/abstract=1091119).

层面上重新确认为传统私法所恪守的教义主义方法。的确，学者们也正是从这种意义上对共同参考框架草案加以评估（以及做出批评）的。[21] 此外，显而易见，共同参考框架草案皆为形式化规则之构成。这种样式与我在本书中提到的《欧洲合同法通则》和《国际商事合同通则》的非形式化风格形成了鲜明对照。尽管如此，共同参考框架也因其具有的新形式主义风格而受到诟病，很多学者认为共同参考框架中采用的诸如“法律行为”“债”之类的抽象概念应由诸如“合同”那样的更为具体的概念所取代[22]。

---

[21] H. Eidenmüller, F. Faust, H. C. Grigoleit, N. Jansen, G. Wagner & R. Zimmermann, ‘Der Gemeinsame Referenzrahmen für das Europäische Privatrecht - Wertungsfragen and Kodifikationsprobleme -’, 63 *JZ* (2008), pp. 529-584; Nils Jansen, ‘The Authority of the DCFR’, in: Hans Micklitz & Fabrizio Cafaggi (eds), *After the Common Frame of Reference - What Future for European Private Law?* (Cheltenham: Edward Elgar 2010 ; available at SSRN: http://ssrn.com/abstract=1264011).

[22] See Ole Lando, ‘The Structure and the Legal Values of the Common Frame of Reference’, *ERCL* (2007), pp. 245-256; Reiner Schulze & Thomas Wilhelmsson, ‘From the Draft Common frame of Reference towards European Contract Law Rules’, 4 *ERCL* (2008), p. 154; Hugh Collins, ‘Review’, *Modern Law Review* (2008), pp. 840-844; M.W. Hesselink, ‘The Consumer Rights Directive and the CFR: two worlds apart?’, 5 *ERCL* (2009) pp. 290-303; Fauvarque-Cosson 前揭文注释 15。所有的这些学者都主张以“合同”取代“法律行为”与“债”以作为共同参考框架的核心概念。

六、结论

在完成本书近十年后，我认为，可以不失公允地大体得出这样的结论：虽然存在从相对形式化、教义式与实证主义的内国法律文化朝向一种更加注重实质效果以及实用主义的欧洲法律文化转变的诸多迹象，但今时今日诸多彰显新形式主义的发展趋势较之我写作本书之时表现得更为强劲。

第一章 传统欧洲法律文化

一、概述

综观20世纪的欧洲，在法律实务、法律学术以及法学教育等领域，大体采用了一种教义式的、实证主义式的操作或研习方法。这里所谓的“实证主义式”，是指这种法律方法主要的关注点在于探求在某一特定区域内（通常限于本国范围内）、某一特定情形下法律究竟为何的问题。在这种方法影响之下，由诸如立法机关（编纂法典或制定成文法）或法院（作出判决）等国家权力机关依循正式程序发布的书面文件，通常（在社会发展过程中）扮演关键性的角色。而所谓的“教义式”，则是指这种法律方法往往建立在某种并不被明确表露出来的推定基础之上。这种推定认为：法律是一种内在协调一致的——虽然并不必然是一种综合而开放的——规则系统（完整性）；法律人通过运用某种大体客观的方式，可以从这类抽象规则、概念以及“蕴含”其间的诸多价值中获得具体问题的答案以及针对具体个案的解决方法；对于每一个问题，这种系统仅仅提供唯一的“正确答案”。

由此可见，在传统的欧洲法律文化中，诸多形式上的论据往往扮演着重要角色。所谓“形式上的论据”，是指为了获致法律问题的解决之道，而将由公共权威部门事先确立的一种法律渊源（诸如成文法和判例法）作为论据。而相对而言的“实质上的论据”——将各种可能的解决方法仅视作具有相对价值——则在其间扮演相对次要的角色。

传统欧洲法律文化体现出的一些重要特点大体为：法律文化的内国性、内在的视角、系统化的思维方法（Systemdenken）、抽象规则与抽象概念的使用、演绎型的思维方式、对客观性的追寻以及对法律文本的倾向性。这些教义式、实证主义式（形式主义）的法律操作或研习方法具有的诸多特征，在绝大多数的法律人身上以及法律活动中皆能被发现，而不论这些法律人本身是否是立法者，这些活动是否发生在法庭之上，法律学术论辩之间抑或法学教育之中。

二、立法者

在大多数欧洲国家，通过民主选举而产生的立法者是法律赖以产生的主要来源，而其在私法领域创制的主要产品就是民法典。一方面，基于启蒙运动与民族主义思潮的冲击，多数欧洲国家在19世纪进行了大规模的民法典编纂运动；另一方面，许多欧洲国家甚至在20世纪开展了民法典的重构化（Recodification）运动。而之所以进行民法典重构的一个重要原因即在于将判例法融入法典之中，以此强调立法者的至上权威。[1]较之于第一波民法法典化运动，产生于第二波编纂运动中的民法典（诸如1942年《意大利民法典》、1966年《葡萄牙民法典》以及1992年《荷兰民法典》[2]）呈现更为系统化、抽

[1] See E.M. Meijers, 'Wijzigingen en aanvullingen van het Burgerlijk wetboek na 1838', in: Paul Scholten, E.M. Meijers (eds.), *Gedenkboek Burgerlijk Wetboek 1838-1938*, Zwolle 1938, p. 33 ff.

[2] 新的荷兰民法典的编纂迄今仍未彻底完成。虽然梅耶斯（Meijers）教授早在1947年就被任命为新民法典的编纂人，但计划总计九编制构造的民法典的第一编直到1970年才获颁行（第一编：亲属法），而最为重要的第三编（关于"综合财产法"的第三编、第五编与第六编）直到1992年才终获颁行。对于荷兰民法典重构进程中出现的各种困难，参见E.O.H.P. Florijn, *Ontstaan en ontwikkeling van het nieuwe Burgerlijk Wetboek*, Maastricht 1995；T.J. Veen, 'En voor berisping is hier ruime stof'. *Over codificatie, interpretatie en hercodificatie van het Nederlands burgerlijk recht in de 19de en 20ste eeuw*, Amsterdam 2001.

象化以及综合化之样态。[3] 在荷兰，这种系统化与抽象化的法律方法近来已然渗透到了行政法领域：一部关于行政法“总则”的法律现已被编纂出来。[4] 当前，一些立法者，特别是法国的一些立法者，仍旧非常热衷于对其本国的民法典进行修正与革新并积极采用一些新的功能性法典。[5] 与此同时，德国业已完

[3] ÔÚ 荷兰民法典中，人们必须从法典中六处不同地方“收集”关于消费者买卖合同的相关规定，而其间每一处的规定都涉及不同的抽象程度或抽象类型。这六处规定分别分布在：法律行为、债、合同、双务合同、买卖合同以及消费者买卖合同的章节之中。葡萄牙民法典甚至包含了更为复杂的抽象化层级。

[4] Algemene Wet Bestuursrecht.（该法的正式名称为“Algemene Wet Bestuursrecht”，简称 AWB，官方英译名为“General Administrative Law Act”。国内学者将其译为《荷兰基本行政法典》或《荷兰行政法通则》。——译注）

[5] Atias 表达了更新私法的诉求，而更新的方式自然是编纂一部新的民法典。See Christian Atias, ‘Le code civil nouveau’, *D.* 1999.［此处所谓的“功能性法典”，大体是指法国以及意大利等国的立法者为便宜于公民法律检索等因素考量，将调整某类法律关系的所有相关条文（包括立法、行政规章甚至条例）按照一定的逻辑性、系统性顺序加以编排而成就的所谓“法典”。当前欧洲法学界一般将这种编纂方式称为“管理型法典编纂”（administrative codification）或“持续型法典编纂”（codification à droit constant）。法国现今就存在诸如《劳动法典》《消费法典》《环境法典》《建筑与居住法典》《不动产转让法典》《国有资产法典》《体育法典》和《交通法典》等 50 多种通过此种方式编纂而成的法典，意大利大约也有 10 种。这些单行法典脱离民法典的调整范围而形成一个个独立的“微系统”（micro-systems）法律区域，从外在形式与内在理念两个层面上对民法典进行肢解和分割，逐渐侵蚀甚或掏空民法典。由此导致的民法典作为私法体系核心渊源地位的渐趋丧失，促发了某些学者声言“民法典解构化时代”（L’età della decodificazione）已经到来。——译注］

成对《德国民法典》（BGB）债法部分的大规模修订。[6] 大多数东欧国家近期也已经通过了新的民法典；在苏格兰，基于权力授予（Devolution）的结果，旨在编纂民法典的一个项目正在运作之中。[7] 甚至在英格兰，罗伊·古德（Roy Goode）教授近来曾提出编纂一部（商事）法典的建议。[8] 而更具有说服力的是，英格兰的立法者，在法律委员会（Law Commission）的协助之下，在私法领域陆续出台了各种各样的普通法法律革新方案。[9]

由此带来的结果是，在大多数欧洲法律体系中，民法典成为进行法律推理的起点。民法典被视为具有全面性和内在协调性的法律。民法典的全面性，是指经过抽象之后，原则上民法典能够处理私法中的所有事项（可适用于私法上的当事人之间

---

[6] 稍后我会重新探讨这一问题。

[7] See Hector MacQueen, 'Scots Law and the Road to the New Ius Commune', *Ius Commune Lectures on European Private Law*, 1, Maastricht 2000.

[8] Compare Ewan McKendrick, 'Traditional Concepts and Contemporary Values', 10 *ERPL* 2001, p.95 ff.

[9] 颁行于 1999 年的《合同法（第三人权利）》即为一个新近出现的例子。关于诸多法律改革项目的最新信息，可以参见 www.lawcom.gov.uk/misc/common.htm（英国法律委员会官方网站）。

的所有争议)。[10] 但是这种全面性并非基于排他性，即立法者(或法院)在民法典之外的成文法中设定具体规则。民法典的内在协调性，则是指法典所包含的规则之间并不存在任何冲突；每一项规则皆有其自身实际的意思，并仅可为每一个法律问题提供唯一正确的答案。[11]

---

[10] 将《法国民法典》第 4 条之规定（“审判员借口没有法律或法律不明确不完备而拒绝受理者，得依拒绝审判罪追诉之。”）与荷兰《一般条款法》（Wet Algemene Bepalingen）第 13 条加以比较（该条内容与法国民法典第 4 条之规定完全相同——译注）。比照 1907 年《瑞士民法典》（ZGB）第 1 条之规定：“凡本法在文字上或解释上有相应规定的任何法律问题，一律适用本法；如本法无相应规定时，法官应依据惯例；如无判例时，依据自己作为立法人所提出的规则裁判。在前款情况下，法官应依据经过实践确定的学理和惯例。”

[11] 萨科认为“非矛盾律”（principle of non-contradiction）成为“内国法律人盲目崇拜的对象”。(Rodolfo Sacco, ‘Legal Formants: A Dynamic Approach To Comparative Law’, 39 *AJCL* (1991), pp.1-34, pp.343-401, p. 24). Compare Rodolfo Sacco, *Introduzione al diritto comparato*, 5th ed. Torino 1997, p. 44:“在我们‘内国’法学家的活动中，我们尊重这一统一的原则。我们民法学家最大的努力就是发现在一个确定的法律体系内部的法的模式。提出一个确定的法律问题后，我们尽一切合理的努力去寻找对此问题的回答（个别地）；我们希望找到调整那种确定现象的规范（个别地）。” Rodolfo Sacco, *Introduzione al diritto comparato*, 5th ed. Torino 1997, p. 45:“我们倾向于认为，如果能够说诸回答中唯有一个是正确的并且其他的都是错误的，那么在对一个法律问题的诸多不同回答之间可能存在冲突。”萨科将彼此之间可能存在冲突的不同的法律共振峰进行了区分。参见下文详述。Compare Daniela Caruso, ‘The Missing View of the Cathedral: The Private Law Paradigm of European Legal Integration’, 3 *European Law Journal* (1997), p. 6:“诸法典被视为一类自洽的（self-contained）、内在协调的（internally coherent）以及具有自指性的（self-referential）系统。”

三、法院

19世纪的法典编纂运动之后，（基于权力分立原则）最初法院的任务被视作单纯地适用包含在法典之中的各类规则。而法院的法官则被视为“宣读法律辞令之喉舌；不得削弱法律之效力，亦不得损及法律之严密规定”。[12] 尽管如此，在过去的一个世纪中，几乎所有的欧洲国家都清楚地意识到如此极端的权力分立在理论上既站不住脚，在实践中亦非可取。事实上显而易见，法院正在创制以及必须创制新的法律。由此，谈论法院在方向或政策上（“revirement de la jurisprudence”“de HR gaat om”）之转变早已稀松平常。当下法院正在频繁地对一般性的法律规则或原则（“attendu de principe”“massima giudiziaria”“principeoverweging”）进行解释以使其具体化。此外，判例（la jurisprudence）应被视作一种法律渊源的观点当前已为人们所普遍认可（为对应法典所包含的“成文法”，有时以“不成文法”这种并非那么容易理解的说法对法院“发现”之法加以

[12] Montesquieu, *De l'esprit des lois*, Paris 1979 (first edition 1748), XI, 6. Contrast Portalis (an 8), pp. 466 and 469 (“一部法典，不管可能有多完整，当法官面对一千个意外的问题时就会显得不完善”)。

表示）。由此造就的结果是，在大多数欧洲国家，我们现在可以公开地谈论我们的（最高）法院所扮演的法律创制者的角色（“rechtsvormende taak van de rechter”）。

然而，尽管存在法院并非单纯“宣读法律辞令之喉舌”（les bouches de la loi）这一共识，但时至今日，法院扮演的真正角色却远未明确的被阐释出来。[13] 在这一点上，当前多数欧洲国家大体都存在着相当不确定和含混的状态。一方面，在私法发展过程中，法院大体扮演着重要的（在多数情形下甚至是决定性的）角色；但另一方面，权力分立与立法至上的观念不仅存在（至少作为一种理念），而且与其相连的大多数教义与制度性安排亦仍旧发挥着作用。一个典型的例子是法律问题与事实问题的区分在大多数欧洲法律体系中仍旧存在。由此导致的结果是，一些诸如合同解释、损害赔偿量度等与实践紧密相关的问题因属地方法院自由裁量范畴而使得最高法院无法（直接）处理。[14] 此外，与法律的另一个创制者——议会——不同，法院只能用一个声音来表达自己的观点或意见。法院不表达或者不存在异议意见；这便让人想到一种由来已久的观念。这种观念认为：

---

[13] See M.W. Hesselink, ‘Wat is recht etc.?; Antwoorden op vragen van Tilburgers over rechtsregels, rechtspraak en rechtsvorming’, *NJB* 2000, p. 2032 ff.

[14] 较之于德国，法国对于法律问题与事实问题的区分尤甚。

法院确定法律是什么，那么法律一直就是什么；对于每一个法律问题，仅仅存在唯一的正确答案，且由法院告诉我们这种答案是什么。基于同样原因，法院对于自身所做判决提供的理由有时非常之简短（尤其是法国的法院[15]），而且总是很形式化。在通常情形下，这种风格是一种必然的结果：基于某个具体规则、某种完整的体系或体系之内蕴含的诸类价值，经过逻辑推演而大体获得一个判决。特别是，大多数法院几乎很少提供任何实质性的论证：为何是这种新的规则而非那一种？何种利益至关重要？为何这种利益优于另一种而非相反？同样，在我们的上诉法院系统（cassation system）中，这种风格也并非是一

[15] 在法国，“鲜少说理的司法判决之模糊性格，尤其是最高法院的判决”。See Horatia Muir Watt, ‘La fonction subversive du droit comparé’, *RIDC* 3-2000, p. 508. 有关此问题的经典论述，亦可参见 Adolphe Touffait, André Tunc, ‘Pour une motivation plus explicite des décisions de justice notamment de celles de la Cour de cassation’, *R.T.D. civ.*1974, p. 489, p. 507: “法国的判决尽量可能简短。尤其是在最高法院，判决的格式是尽可能简单的三段论法。法律原则的确定构成大前提，事实的描述构成小前提：由此得出一个看起来无可争辩的结论。”“当前的判决风格，尤其是最高法院的判决，有点像用拉丁文作弥撒。这是一个极受尊崇的传统之延续。然而，这也是很多人所不了解的程式之重复，这使得它在精神上可导向任何想去的地方。这是一种反对所有异端表现的保证，然而却是一种限制集体进步的原地踏步。明确的动机，是错误和不熟练的可能性，然而，这也是一种把‘铁石之心’改造成‘血肉之心’仪式的可能性。权威不再源自利用难懂的语言以及拒绝任何讨论，而是建立在思想和情感的力量之上，建立在生活本身之上。”

种实质性的论证方式；在一个上诉请求被支持的情形下，仅能说明下级法院判决错了：它未能正确地适用或理解法律。有鉴于此，在大多数欧洲国家，人们并不会在政治上对最高法院法官的任命关注过多。虽然这些最高法院的法官在未来法律发展过程中将会扮演至关重要的角色，但无论议会抑或大众传媒实际上并不会过于在意那些候选人的政治倾向，毕竟在他们的眼中，法院的法官只不过是追求客观性的专家而非政治活动家。

四、法律学者

在其经典名著《法学方法论》[16]一书的导言中，卡尔·拉伦茨对“法学”进行了这样的界定：“本书所称的‘法学’是指：以某个特定的，在历史秩序中逐渐生成的法秩序为基础与界限，借以探求法律问题之答案的学问。”[17]由此可见，在拉伦茨的定义中，所谓法学是指在某一法律秩序框架内旨在解决法律问题的一门学问。他将法学与法社会学区分开来。[18]不难看

[16] 该书已被译为意大利文、西班牙文、葡萄牙文、日文等多国文字。

[17] Karl Larenz, *Methodenlehre der Rechtswissenschaft*, 5th ed., Berlin, Heidelberg, New York, Tokyo 1991, p. 5.

[18] Larenz 前揭书注释 17，第 6 页：“以法律秩序为研究客体之学问尚有其他，如法史学和法社会学。”

出，拉伦茨明显采用的是一种内在视角，而这也的确可被看作欧洲法律学者通常采用的学术视角。大多数欧洲法律学者研究的对象限于其本身所处国家的实证法。在他们的体系中，他们研究如何处理某一个案（对于某些特定事实，法律到底为何？），如何最好地将最高法院做出的新的判决融入整个体系（einordnen）之中以及如何最好地对法律体系进行“更为深入地探讨”（weiterdenken）[19]。

由此，对于很多欧洲国家的私法学者而言，最为典型和最能获得学术声名的活动就是为法律（法典）的某一部分撰写评注（或编写手册）*。通过此种方式，该学者可望成为与（最

[19] 关于法国的学说，参见 Philippe Jestaz, Christoph Jamin, ‘L’entité doctrinale française’, *D*. 1997, p. 175：“它致力于建立一个牢固的教义学，也就是说一个真正的思想体系，并且深深地源自这个体系，存在着凝聚性。”

* 以 Staudinger、Münchener、Soegel、Plandt 等为代表的德国民法典评注（Kommentar）的撰稿人大体皆由该国知名的学者、法官甚至律师担当。而新近出版的两部比较法经典力作皆以“手册”命名，且皆由当今著名的比较法学家担当主编，撰稿人大体皆为当代顶尖或知名的比较法学者。这两部著作分别为：《牛津比较法手册》（The Oxford Handbook of Comparative law），Mathias Reimann 与 Reinhard Zimmermann 主编，牛津大学出版社 2006 年版；《剑桥比较法手册》（The Cambridge Companion to Comparative Law），Mauro Bussani 与 Ugo Mattei 主编，剑桥大学出版社 2012 年版。——译注

高）法院建立或多或少之直接联系的权威。[20] 在评注中表达的观点为法院援引或接纳的越多，作为一名法律（法典）评注者获致的成功也就越大。[21] 当然，这种做法并非是一种激发原创与引致批判的诱因。如果学者的成功可以通过其见解被法院援引或吸纳的多少加以衡量，那么，最好的策略莫过于尽力预测法院将会可能做出怎样的判决而非单纯提出某种可供选择的解决方法。

相较而言，虽然为法院判决添加注释（或评论）可能是一

[20] 德国是一个明显的适例。在荷兰，这种学者与最高法院之间的联系更不直接，需要借助于最高法院大法官（已出版）的最终意见加以实现。在法国，这种联系也不明显，但一些学者（诸如 Ghestin）的观点能够对法国最高法院（Cour de cassation）的判决产生明显影响。在英国，上议院越来越对学术著作表现出明显的关注。例如可参见高夫大法官（Lord Goff）针对（White v Jones [1995] 2 WLR 187）一案发表的著名见解。关于此案，可参见 Basil Markesinis, Five Days in the House of Lords: Some Comparative Reflections on White v. Jones, in: *Centro di studi e ricerche di diritto comparato e straniero* (directed by M.J. Bonell), Saggi, conferenze e seminari, nr. 16, Roma 1995. 在意大利，一个例证可参见最高法院于 1989 年 7 月 18 日做出的第 3362 号判决（载《意大利法院》，1989 年第 1 卷，第 2750 页，该案由 Adolfo di Majo 与 Mariconda 评注）。该判决逐字照搬了 Massimo Bianca 关于诚信的一段论述。See C. Massimo Bianca, ‘La nozione di buona fede quale regola di comportamen -to contrattuale’, *Riv. dir .civ.* XXIX (1983), I, p.210 (See now Massimo Bianca, *Diritto Civile, III, Il contratto*, Milano 1987 (reprint 1992), no. 224).

[21] 反过来，这些法律（法典）评述者可以借助这种权威性充当法律事务所的顾问。在多数大陆法系国家，这是一种屡见不鲜的做法。

种较弱程度上的科学产品，但它同样也是一种传统上的做法，在欧洲诸多法律体系中也享有高低不等的声望。在此种注释中，学者对法院判决隐含的意思加以解释并在整个体系中确立该判决（新的法律规则）所处的位置。而另一种典型的学术活动则是撰写学术论文或专著，[22] 这些论文或专著旨在确定（经常为法典所包含的）某一（新的）抽象规则、概念或制度的具体内涵，[23] 或者旨在阐述法律如何因应某些可能的或实际发生的新情况或新问题（如电子商务或错误出生等）。更为一般的情形是，多数学者希望写出一些“对法律实践有用”的东西。[24] 基于此种考虑，很多学者也参与撰写和编辑一些法律时讯、法律概览、法律年报；而这些作品主要旨在让从事实务的法律人知悉法律的最新发展、对这些发展进行解释、并使他们能正确判

[22] 通常的情形是，在论文或专著中体现某种独创性的做法颇受赏识（法国尤甚），虽然这种与主流学说（“实证法”）偏离过多的独创性可能危及以后的学术生涯。如何维持两者之间的平衡需要一定的技巧。

[23] 涉及的一个典型例证，可参见 M.W. Hesselink, ‘Vragen bij de toepas sing van art. 6:230 BW’, *WPNR* 6191-6192 (1995), pp. 541-545, 563-567.

[24] 对于法国的情形，参见 Christophe Jamin, ‘Henri Capitant et René Demogue: notation sur l’actualité d’un dialogue doctrinal’, in: *Mélanges François Terré*, Paris, 1999, p. 135：“继承了谨慎态度的法国学理上的这种坚定的意志，与其说是外在守法者的指南，不如说是实践者的指南。”对于荷兰的情形，参见梅耶斯教授就职讲演的第一段话：“法学的主要目的在于给法律实践提供资讯。” See E.M. Meijers, *De taak der rechtswetenschap ten aanzien der vrije rechtspraak*, Haarlem 1910, p. 5.

断这些新发展的重要性。

在以法典为中心的法律体系中，对于立法者留下的抽象规则与具体个案之间的间隔，由法官与法律学者共同加以填补（具体化）。也即立法者（必然）提供抽象规则，法律学者则是阐释这些规则具体内涵的专家，而（受这些法律学者启发的）法官则在具体个案中确定这些内涵的具体意义。[25]

所有的这些并不意味着在法律学术领域不存在论争。恰恰相反，在欧洲大多数国家中，无论在不同法律学者之间抑或不同的思想流派之间，一直都存在着很多激烈的学术性论争。尽管如此，在这些论争背后隐藏的涉及诸多规范性、政治性以及经济性的倾向却很少被明确地阐述出来。[26] 相反，学术论争中

[25] 比较 Sacco 前揭书注释 11，第 45 页："只存在唯一的法律真实，此种真实有其法律上的渊源，并且它忠实地被理论重构，被司法适用。(……) 这是明显的，法律可能有一种以上的解释；但正是因为此种状况应强化法的规则的统一性原则。如果在抽象上数种解释都是可能的，应该说它们其中的一种是正确的。理论就是以确认并指出它为使命。"

[26] 例如，在一些国家（诸如法国、比利时、荷兰），很多保险法教授与保险公司存在着紧密的联系（因为他们的教授职位由这些保险公司资助）。尽管如此，这些教授通常并不被视为保险公司的利益支持者（partisans），而被视作专家。诚如 Haazen 所言，"在荷兰，抑制、极力贬低甚至完全排斥政治方面的因素仍旧稀松平常"。See O.A. Haazen, *Algemeen deel van het rechterlijk overgangsrecht; Een verhandeling over de terugwerkende kracht van rechtspraak, de rechtsdwaling en de democratische rechtsvindingsleer*, 2001 , p.150.

的利害关系被视作一种纯粹的学术声名之争，也即谁能就与某事项相关的法律提供妥当的说明（正确的解释）。[27] 此外，学术论争之中所适用的话语也掩盖了其背后存在的利益冲突、利害关系或者某些（政治）倾向。例如，一种经常被使用的措辞是："实践"需要这种或那种规则（如更为广泛的担保方式）；或者其他人提出的规则"在实践中不会有效"，尽管事实上（在实践中）被提出的规则或做出的解释通常仅对冲突一方有利（经常是强势的一方），而不利于另一方。

整体而言，多数学术性论争皆是一种高度概念性的论争。[28] 应当如何建构人权（如在公民之间）的水平（辐射）效力问题（经由一般条款，直接效力还是间接效力）即为一个典型例子。在荷兰法学界，相关的典型例子是关于诚信概念如何发挥作用的问题：通过规范性解释（normatieve uitleg）还是借助于限制

[27] 参见 Sacco 前揭书（1997 年）注释 11，第 45 页："这是真的，理论家并且通常来说，解释者，都不止一个，并且他们的观点总是不一致的；但我们所持的观念是存在对于法律问题的唯一回答；但存在数个回答这一事实意味着存在着主观的不确定性，此种不确定性被希望只是临时性的，即只是在等候最终的恰当的法律回答时的不确定性。"

[28] 对于法国的情形，参见 Muir Watt 前揭文注释 15，第 508 页："学理被认为是僵化的，很少倾向于考察它自己的科学方法，其利害关系基本上仅仅在于文本上的争议。"

性功能（beperkende werking）。[29] 在德国，存在大约超过 50 种“交易基础丧失”（Wegfall der Geschäftsgrundlage）的理论。[30] 而在法国，亦存在着大体同样数量的“原因”（cause）理论（这个概念源自民法典；学者们的论争围绕着其究竟是何意思而展开）。[31] 在多数情形下，这些不同的选择往往将会导致完全相同的结果，[32] 尽管并非一直皆是如此。有时，导致的结果事实上

---

[29] See especially J.M. Van Dunné, *Normatieve uitleg van rechtshandelingen; Een onderzoek naar de grondslagen van het geldende verbintenissenrecht*, Deventer 1971; P. Abas, *Beperkende werking van de geode trouw*, Deventer 1972; H.C.F. Schoordijk, *Het algemeen gedeelte van het verbintenissenrecht naar het Nieuw Burgerlijk Wetboek*, Deventer 1979; P. van Schilfgaarde, ‘Uitleg van rechtshandelingen’ ,*WPNR* 6282-6283 (1997), pp. 587-592, 611-615.

[30] See *Beck'sche Kurz-Kommentare*, Part 7; *Palandt Bürgerliches Gesetzbuch*, 55th ed., München 1997, § 242, nr. 113.

[31] 关于原因理论的争论，可参见 Philippe Malaurie, Laurent Aynès, *Cours de droit civil, part IV, Les obligations*, 9th ed. by Laurent Aynès, Paris 1998, nos. 492-510; Jacques Ghestin, La formation du contrat, in: *Traité de droit civil*, 3rd ed., Paris 1993, no. 818-838; François Terré, Philippe Simler, Yves Lequette, *Droit civil, Les obligations*, 6th ed, Paris 1996, no. 312-316.

[32] 对于规范性解释与限制性功能之间的关系，参见 Martijn Hesselink, Bert Oosting, Edgar du Perron, Verandering van omstandigheden en de uitleg van overeenkomsten, naar aanleiding van ‘Rebus sic stantibus’ door prof. mr. P. Abas, *AA* 39 (1990) 9, pp. 563-570。相同的看法，可参见 A.S. Hartkamp, *Mr. C. Asser's handleiding tot de beoefening van het Nederlands burgerlijk recht; Verbintenissenrecht; Deel II Algemene leer der overeenkomsten*, 11th ed., Deventer 2001, no. 281.

并不相同，但这种情形通常表现得并不明显。其实，具体结果的相同与不同，往往并非学术论争的核心所在，相反，真正的核心问题在于论争所涉及的概念以及这些概念是否契合特定的体系。由此不难看出，在概念性的学术论争中，往往存在诸多实质性的论据，但这些论据往往隐藏在论争的背后，并未被明显地表露出来。[33]

五、法学教育

在很大程度上可以说，欧洲的法学教育是一种实证主义式的教育。我们主要讲授给我们的学生此刻法律是什么。[34] 这种讲授模式内在推定：存在某种诸如“法律”的事物，且我们能够知道这种事物并告诉我们的学生这种事物是什么。在欧洲法学教育中，这种教义式的讲授方式占据着压倒性的统治地位。研习私法的学生往往最初接触到的是私法的体系：法典的结构、

[33] 稍后我会重新探讨这一问题。

[34] 参见来自一些学生——DIS(Departmental Investment Strategy) 成员（该团体中的许多人都是法学院的学生）——的批评。他们埋怨当下的大学教育不具有十足的“学术性”。参见 Folia, February 18th, 2000 and NRC Handelsblad March 25th, 2000。对于近来在法学教育中明确支持实证主义的观点，参见 J.W. Zwemmer, ‘De bachelor-masterstructuur’, 50 AA (2001), p. 240 ff.

私法的基本概念与基本特征。[35]所有这些并非是以架构现实的诸多可能方式中的一种加以讲授的。是的，就是如此。这就是法律，学生应当知道这就是法律。[36]由此，在通常意义上，考试与测验在分类上大体都是类似的。你如何界定这种情形？这个概念的意思为何？即使有所改观，但充其量不过是在学生学业的后半期可能开设某些诸如比较法之类的可选择性的课程。也就是说，学生首先应当很好地了解他们本国的法律体系。

讲授判例法的方式与讲授法典法大体相同。学生们应当做的就是找寻法院所明确阐释的抽象规则（attendu de principe, massima），这种规则与法典中规定的规则十分相似。尽管针对某一具体个案，初审法院、上诉法院、最高法院大法官（Advocate-General）以及判例的注释者等阐述的意见并不一样，但只有最高

---

[35] 对于荷兰的情形，参见 H.C.F.Schoordijk, Redelijkheid en billijkheid aan de vooravond van een nieuw millennium, Zwolle 1996, p. 69:“我很惊讶地发现很多法律人的思维方式仍旧是那么具有演绎性。这主要是法学教育造就的结果，这种教育方式采用诸多抽象概念，仍旧与已经越来越趋向成为‘宣读法律辞令之喉舌’的法律实践严丝合缝地联系在一起。”

[36] 尽管如此，可参见 H.C.F. Schoordijk, ‘Een en ander over dogmatiek, constructie en (hun betekenis voor het) onderwijs’, in: J.L.P. *Cahen bundel*, Deventer 1997, p. 379（“虽然所有的法律人——即使是微不足道的——都拥有自身的体验与价值标准，但我们知道存在多少的法律人就存在多少法律体系”）以及 Maurits Barendrecht, ‘Naar een echte visie op het onderwijs’, *NJB* 2001, p. 164（“不了解这种体系，而是建构或选择他们自身的体系”）。

法院阐释的意见才是真正的法律。在通常情形下，学生们被告知他们并不需要知晓判例涉及的具体事实，相反，他们必须了解该判例在整个体系中所处的位置。每一个判例皆被推定契合整个体系，而关键的问题在于如何使其契合整个体系。显而易见，最高法院阐释的被视为法律的东西，在一定程度上，在一个新的类似纠纷中，具有与其相同情形的一方将很可能胜诉。然而，这并非真正的要点所在。真正的要点在于：学生往往并未学到将法律视作存在问题的。[37] 也就是说，在讲授过程中，

---

[37] 此外，这并非是一个完整的图景。如果当时并未上诉到荷兰最高法院（Hoge Raad）或者根本并未诉诸法庭而是诉诸调解或双方和解，那么情形又当如何？此时，当事人之间是否存在法律？此外，可能更让人感兴趣的是研究法院为何以此种方式进行判决？这种判决公平吗？（什么是公平？）这种判决是有效率的吗？可替代性的解决方法是什么？存在的利益争点为何？这些问题与学生更不相关吗？看起来并非如此。相反，这些问题似乎更有意义。这些问题不仅对那些想成为反抗体制的激进抗议者（来自西雅图和热那亚）的学生有意义，而且对于（当下的大多数）意欲在主要法律事务所成为一名成功律师的学生而言也有意义。为确保给他们的客户提供适当的法律建议，所有的这些问题都可能是有意义的。对于法典体系和概念的精准掌握仅具有有限的重要性。我的一位朋友，当她成为海牙一家大型法律事务所的实习律师时，她有些震惊地发现：一些很成功的律师竟然不清楚基于错误而撤销合同与基于不履行而解除合同之间的差别以及所有（bezit）与保有（houderschap）之间的区别。另一位甚至更为成功的律师尽然没有真正意识到新的民法典已经（在三年以前）出台。对此，她惊愕地评论道："他们根本不懂法律！"尽管如此，在这些律师的办公室中，都有一些名单，上面列明了哪些法官对客户友好（employer-friendly），而哪些并不友好。（**转下页**）

很少触及书本中阐述的法律与具体实践中运行的法律之间存在的冲突。[38]

由此将会促使学生产生这样的印象：法律是一个内在协调一致，且最为理性的体系，这种体系能够为法律问题提供正确

（接上页）一位荷兰的“本周最佳律师”（lawyer of the week）F.H.A.M. Thunnissen近来说道：他的工作至多5%与法律规则的适用存在关联：“你到底选择哪一个？法律的诡辩术并不存在。在多数时候，法律职业所做的就是在一种社会或商事框架内对事实进行逻辑分析。法律事务包含95%对事实和逻辑的分析，而至多5%涉及法律规则和其他规则的适用。”（参见《法律硕士网刊》（Mrweb-nieuwsbrief），2001年第14周）通过重新界定法律为何，将可能更为适当地表述这种观念。难道法律仅仅包含由国家制定的抽象规则吗？法律是一种语境、一场竞争和一个多面体。

[38] 当处理具体实际案例时，如被迫使与他们的亲属分开居住（我能起诉房东吗？）等，我们的学生将不知所措。他们不知道如何处理这些问题。他们知道，当另一方当事人违反告知义务时，合同可以基于错误而被撤销。但在这种情形下，是否存在告知义务？或者说，是否存在某种注意义务？如果存在，那么对方是否违反了此种义务？我们的学生实在不知道如何应对这些问题。当然，我们也不知道。因为在具体实际案例中，并不存在标准的正确答案。一方面，这是因为，客观发生的“事实”并不存在。在每一个案例中，当事人双方大体都是各说其是。法官结合双方的陈述，然后作出判决；他选择采纳当事人一方或另一方的观点。当然，可能存在一种（规范的）观点认为，法院应当评估事实并客观而理性地适用法律（Methodenlehre），然而这并不能使得法官做到客观和理性。不能认定非理性的东西就不是法律。我们应当停止对法律进行简单化的描述，开始传授给我们的学生所有方面上的法律，而其中的大多数是极端复杂和存在疑问的。由此可以说，人们可以有权提出这样的问题：在何种程度上，抽象的概念体系就是实际中的法律？

的答案。与此同时，我们考察学生的方式（在一定程度上）反过来又强化了学生头脑中的这种印象。在荷兰，我们通过要求学生解答一系列“实际案例”的方式来检测他们对于私法的理解与把握。尽管如此，这些所谓的案例与法官或律师们通常接触的案例截然不同，因为这些案例皆为已被抽去所有“没有意义”的具体事实进而显得非常抽象化的案例。实际上，这些案例能够最好地被用来描述一些个性化的法律规则。除此之外，在考试之后，我们提供给学生这些问题的正确答案。的确，为了判定他们错在何处以及就他们对于法律的阐释我们是否给予了客观评价，这些学生有权获得这些所谓的“标准答案”。[39] 在很多欧洲国家的大学中，特别是在法国、意大利、西班牙以及葡萄牙等国，甚至实际案例分析也很少成为一种考试形式。显而易见，这种认定我们的法律具有内在协调性与合理性的印象，很容易在高度抽象的程度之上得以维持。

就教学所使用的材料而言，教科书通常与法典的评注非常相似（或事实上就是法典评注）。有时，一部书，起初可能被充当讲授目的的教科书，但事后可能获得类同于法典评注的权威

[39] 例如，可参见1998年阿姆斯特丹大学法律系《教育与考试规范》(Onderwijs- en examenregeling) 第23条的规定。

地位。[40] 由此不难看出，这些教学材料是多么具有实证主义式的倾向：它们（声称）能够告诉学生法律是什么。

六、一些限定性的说明

在开始探讨下一个问题之前，就以上所述，我必须做一些限定性的说明。毋庸讳言，上述涉及的诸多一般性描述（通过定义）并不能充分呈现当下所探讨问题的丰富性与多样性，特别就欧洲多元的法律文化而言。首先，为避免我之所述存在过于夸张之嫌，在此应予强调的是，在当下的大多数欧洲国家，崇尚极端形式主义的时代早已逝去。虽然多数欧洲法律体

---

[40] 在德国，以卡尔·拉伦茨的《债法教科书（第一卷）：总论》（Karl Larenz, *Lehrbuch des Schuldrechts*, I Band Allgemeiner Teil, 14th ed., München 1987）与迪特尔·梅迪库斯的《民法》（Dieter Medicus, *Bürgerliches Recht*, 17th ed., Köln/Berlin/Bonn/München 1996）为代表。在荷兰，则以 Asser serie, Van der Pot/Donner, Hazewinkel/Suringa 等教科书为代表。[与德国的情形大体相同，在荷兰，经典法学教科书大体最初皆由该国著名的法学家执笔，而后由后继的知名学者适时加以修订完善，以使其日久弥坚。诸如“Asser serie”，就是以荷兰著名法学家阿塞尔命名的系列教科书。托比亚斯·米夏埃尔·卡雷尔·阿塞尔（Tobias Michael Carel Asser，1838-1913），荷兰法学家、政治家，海牙国际法庭的创始人，1911 年诺贝尔和平奖得主，第一届海牙国际私法会议的倡议者和召集者；而 Hazewinkel/Suringa 系列教科书的最初执笔者则是荷兰著名女刑法学家 Derkje Suringa（1889-1970）。——译注]

系在19世纪都经历了事后可被称为极端形式主义的时期，然而，从那时开始，情形已然发生重大改变。当然，至于今日我们具体处于何种阶段，很难清楚地加以界定。事物总是在不停地向前发展，而我们大体处在一个中间阶段。稍后我会重新探讨这一问题。其次，在不同的欧洲国家之间，甚至在这些国家之中，亦存在着重大的区别。例如，较之于德国联邦法院（Bundesgerichtshof），法国最高法院（Cour de cassation）的判决风格更为形式主义；而较之于德国，荷兰的法律学说更为崇尚实用、更不那么教义主义；此外，甚至在一个国家之中，法官与法官之间、学者与学者之间也存在着很大的差别。再次，虽然诸如法律文化的内国性、内在的视角、系统化的思维方法（Systemdenken）、抽象规则与抽象概念的使用、演绎型的思维方式、对客观性的追寻以及对法律文本的倾向性等都体现了在欧洲占据统治地位的教义主义（形式主义）和实证主义的私法研习或操作方法，但这些因素之间并不具有必然联系。也就是说，它们彼此之间不仅不是同时存在的，而且在很大程度上可单独考虑一种因素而忽略其他。[41] 最后，但却最为重要的一点是，对于以美国为代表的其他法域的观察家而言，一直都

[41] 然而 Norberto Bobbio 却将“法律体系的一致性理论”“法律体系的完整性理论”以及“法的逻辑和结构的解释理论”等视为（严格意义上）法律实证主义理论的本质。See Norberto Bobbio, *Il positivismo giuridico*, Torino 1996, especially p. 249 ff.

存在一种他们自身没有充分意识到的错误认识。[42] 欧洲的法学家们对于法律概念和体系的信仰与他们外在话语所彰显的情形并不一样。在很大程度上可以说，欧洲的法律工作者实际上所做的与他们自身所说的并不完全一致。[43] 较之于他们实际的行为，他们使用的话语更为形式主义。由此，如果观察家仅将目光停留在这些话语的表述之上，那么，无疑会重蹈形式主义的覆辙。欧洲的法律学者和法官们通常使用一种正确答案的话语但实际上却（有意识地）表达着某些价值层面上的判断。例如，一位学者可能会说他的同事或法院并没有正确地理解“法律是什么”，而针对同样的情形，他本来也可能会说“我认为，法律应当是什么”。由此不难看出，欧洲法律方法论的一个主要（且令人遗憾）特点就在于其本身内在的实质性方法并未被明确地表露出来，也即缺乏透明性。稍后我会重新探讨这一问题。

---

[42] 然而 Lasser 却刻画了一种“非官方的法国民事法官的形象”。See Mitchel de S.-O.-I'E. Lasser, ‘Judicial (Self-) Portraits: Judicial Discourse in the French Legal System’, 104 *Yale L.J.* (1995), p. 1325 ff.

[43] 对于法国的情形，可比较 Lasser 的相关论述，参见 Lasser 前揭文注释 42。

七、普通法

尽管如此，我认为上述所论的绝大部分不仅能够适用于欧陆诸法律体系（民法法律体系），而且同样可用来说明英格兰、威尔士、爱尔兰所属的所谓普通法法律体系以及苏格兰所属的“混合”法律体系。当然，显而易见，形式主义在英国呈现出的是一种别样的形态。首先，由于英国并不存在民法典，所以英国法并不具有很强的演绎性，而且较少地使用抽象的规则。尽管如此，英国的法律方法仍具有高度的概念性和实证主义性。诸如法律文化的内国性质、内在的视角、概念与学说的广泛使用、文本所扮演的关键性角色等欧陆法律文化的诸多表现，亦可同样被用来描述英国法律文化。英国法律文化具有的这些特点，特别在与另一个所谓的普通法法律体系——美国法律体系进行比较之时，表现得尤为明显。在1987年出版的一本名为《英美法中的形式与实质》的经典著作中，阿蒂亚与萨默斯得出这样的结论：“抛却它们之间表面上的相似，美国法与英国法实质上存在着很大的不同：英国法律体系是高度‘形式性’的，而美国法律体系则是高度‘实质性’的。首先，在必须做出判决或采取其他法律行动之时，较之于形式推理，在美国法律体系中，实质推理获得了更为广泛的适用；而在英国，情形则恰恰相反。其次，在法律推理方法上的不同反映了在过去的两个世纪中流行于两国的法律式样、法律文化以及更为一般意义上的法律认知（vision of law）等方面两者存在的巨大差异。”[44] 诚如上述阐释过的那样，大体相同的情形也可被用来说明大多数其他的欧洲国家。[45] 的确，完全有理由可以这样说，在这一点上，较之于美国法，英国法与欧陆的诸民法法律体系之间存在更多的相似之处；或者，也不妨这样说，欧洲法律文化之间的内在统一程度较之于普通法法律文化之间的统一程度可能更强。[46] 稍后我会重新探讨这一问题。

---

[44] P.S. Atiyah, R.S. Summers, *Form And Substance in Anglo-American Law; A Comparative Study of Legal Reasoning, Legal Theory, and Legal Institutions*, London 1987.

[45] 亦可参见 Duncan Kennedy, *A Critique of Adjudication {fin de siècle}*, Cambridge Massachusetts1997, p. 107: “从过分夸大演绎力量的意义上而言，你们一般的美国律师很可能发现欧洲对于传统法律问题的解决方法显而易见地呈现出形式主义化的样态；同样，在相同的意义上，整体的欧洲法律文化也是如此。”

[46] 同样，齐默尔曼也对“英美法律文化”的存在提出了质疑。他认为：“确切地说：英国法是欧洲的，美国法则是另外一回事。”Reinhard Zimmermann, ‘“Common law” und “civil law” ,Amerika und Europa’, in Reinhard Zimmermann (ed.), *Amerikanische Rechtskultur und europäisches Privatrecht*,Tübingen 1995, p. 9.

第二章　美国法律文化

现在，让我首先转向对美国法律文化的论述。在上文中，我所描述的多数欧洲法律文化之主要特征看起来在美国法律文化中并不占据同样重要的地位。的确，较之于他们的欧洲同行，美国的立法者、法官、法律学者以及法学教师处理法律的方式明显不同。而法律现实主义在美国获得的成功看来可对这两种法律文化之间存在如此显著之不同提供一种有力的解释。[47] 如

[47] 相同的看法，可参见 Ugo Mattei, 'Why The Wind Changed: Intellectual Leadership In Western Law', 42 *AJCL* (1994)；Muir Watt 前揭文注释 15，第 512 页；Mathias Reimann, *Einführung in das US-amerikanische Privatrecht*, München 1997, p. 11；Jamin 前揭文注释 24；H.C.F. Schoordijk, *De Nederlandse rechtscultuur vergeleken met de Anglo-Amerikaanse*, Antwerpen, Zwolle 1989, p. 29. 比较 Duncan Kennedy 前揭文注释 45，第 108 页。

果没有法律现实主义运动做出的开创性贡献，那么，包括诸多主流学术思想流派在内的当下美国法律文化所呈现的很多特征将根本不会出现。

一、美国法律现实主义

在20世纪20年代至30年代，经常被称为“对形式主义之反抗”的法律现实主义在美国兴起。[48]当时社会盛行着这样的法律观念：大体可以通过客观、演绎的推理方式获得法律问题的解决之道；依循这种法律观念，法律应被视为一门科学（尤其可参阅具有传奇色彩的哈佛大学法学院院长兰德尔的著作）。鼓吹法律现实主义的学者们对这类观念（传统法学思想）进行了抨击。他们将这种方法斥为“形式主义”的法律方法。

虽然诸多法律现实主义学者所代表的绝非一个内部协调统

[48] Morton White, *Social Thought in America: the Revolt Against Formalism*, Boston 1957. 关于美国法律现实主义，参见 Twining, *Karl Llewellyn and the Realist Movement*, London 1973; Morton J. Horwitz, *The Transformation of American Law 1870-1960; The Crisis of Legal Orthodoxy*, New York/Oxford 1992; M.D.A. Freeman, *Lloyd's Introduction to Jurisprudence*, 6th ed., Sweet & Maxwell, London 1994; Neil Duxbury, *Patterns of American Jurisprudence*, Oxford 1995; Kennedy 前揭书注释 45；Haazen 前揭文注释 26，第 141 页。

一的思想流派，[49] 但却可被视为一场拥有某些共同特征的学术运动。[50] 在这些共同分享的特征中，最为重要的特征之一就是他们秉持的“规则怀疑主义”(Rule scepticism)，也即认定不可能凭借一种不偏不倚的推理方式将规则适用于具体个案。[51] 这种观念促使他们对抽象规则产生怀疑（“一般性规定不能决定具体个案”[52]），并对演绎型法律推理方式以及法学上的分门别

[49] 对于一份广为人所知的现实主义学者的名录，可参见 Karl N. Llewellyn, ‘Some Realism about Realism’, (1931) , in Karl N. Llewellyn, *Jurisprudence; Realism in Theory and Practice*, Chicago and London 1962；对于该名录的质疑，参见 Horwitz 前揭书注释 48，第 171 页。

[50] 参见 Llewellyn 前揭文注释 49；Freeman 前揭书注释 48，第 655 页以下；Twining 前揭书注释 48；Horwitz 前揭书注释 48，第 169 页以下。

[51] 参见 Llewellyn 前揭文注释 49，第 56 页：“不相信传统的约定俗成的规则制定理论是法院判决赖以做出的决定性因素。”弗兰克则对“规则拜物教”（rule-fetichism）（J. Frank, *Law and the Modern Mind*,1930, p.264 ff.）与“法律规则的戏法”（J. Frank, *Courts on Trial*, 1949, p. 53）进行了批判。

[52] 霍姆斯在 Lochner v. New York［198 U.S. 45 (1905)］中表达的不同意见。[美国最高法院于 1905 年判决此案，在判决意见中，最高法院认定纽约州的一项旨在保护面包工人，规定每周工作时间不得超过 6 天，每天不得超过 10 小时的法律，妨碍了劳动雇工与雇主相互接受的劳动力买卖的自由。最高法院明确表态，联邦或州政府的经济法规不能走得太远，如果这些法规走得太远，其将违反最高法院从宪法第五及第十四修正案中推导出来的合同自由原则。通过运用司法审查权，最高法院使自己能够决定政府的有关经济法规是否逾越了允许与不允许——合宪与违宪的界限。大法官霍姆斯对于此案判决书提出了强烈的反对意见。根据霍姆斯的观点，最高法院的多数法官们正在运用宪法来神化一种特别的（转下页）

类进行抨击。[53] 这场运动体现的其他一些特征包括:“事实怀疑主义”(fact scepticism)(不可能客观地对过去发生的事实进行确定和筛选[54]);崇尚实用的功能性研究方法[55](强调法学与其他社会科学之间的联系);对于法律公/私法两分的抨击(认为

(接上页)经济理论——而此种理论并不为大多数美国民众所支持。霍姆斯认为大多数民众的意志,正如人民的立法代表在法律中所表达的,应当被优先考虑,除非所涉及的法律违反了“长期以来,为我们的人民和法律所理解的基本原则”,“一般命题不能决定具体案件。结果更多地取决于判断力和敏锐的直觉而不是清晰的大前提”。——译注] 参见 Llewellyn 前揭文注释 49,第 60 页:“并非意在对语句允许程度之内的一般化进行最大限度地探寻,而是对此做法表示怀疑。”相同的看法,参见 John Dewey, ‘Logical Method and Law’, 10 *Cornell Law Quarterly* (1924), p. 18:“任何一个具体命题,即一个带有特定时间和空间印记的命题,都并非来源于一些概括性的陈述,也并非来源于此种陈述之间的联系。”

[53] 参见 Llewellyn 前揭文注释 49,第 70 页:“演绎不能解决具体问题,它仅能彰显既定前提达到的效果。”亦可参见霍姆斯的经典表述:“法律的生命从来不在于逻辑,而在于经验。” See Oliver Wendell Holmes Jr., *The Common Law*, Boston 1881, p. 5.

[54] 弗兰克认为所谓法律确定的程度大多“过于言过其实”:“事实上,法律不确定的主要原因在于事实的不确定性,也即法院在做出判决之前,将‘认定’何者为事实的不可知性以及在做出判决之后法院通过何种方式‘认定了’哪些事实的不可知性。” See J. Frank, *Law and the Modern Mind*, English edition, 1949, p. vii ff.

[55] 参见 Llewellyn 前揭文注释 49,第 57 页:“对于法律任何组成部分之效力进行评估的坚持以及对于尝试探寻这些效力所具有之价值的坚持。”对于卢埃林所谓“法律职业”(law jobs)之论述,参见 Karl N. Llewellyn, ‘The Normative, The Legal and The Law-Jobs: The Problem of Juristic Method’, 49 *Yale L.J.* 1355.

“所有法律皆为公法”）；着眼于运行中的法律而非文本上的法律；[56]对于法律（追求）确定性的怀疑；[57]对于立法者的集中关注（创法之人“men-of-law”）；[58]以及对于法律实务，特别是法律实务中纠纷解决的浓厚兴趣。

这场反抗法律形式主义的运动并不是局限于法律领域之

[56] See Roscoe Pound, ‘Law in Books and Law in Action’ (1910) 44 *Am. L. Rev.*, 12. 对于庞德与美国现实主义法学家之间（不睦的）关系之论述，特别是其在1931年发表抨击性文章（Roscoe Pound, ‘The Call for a Realist Jurisprudence’, (1931) 44 *Harv. L. Rev*, 697）以及卢埃林的回应性文章（Llewellyn 前揭文注释 49）之后的情形，可参见 Twining 前揭书注释 48，第 22 页，第 72 页以及 Horwitz 前揭书注释 48，第 172 页。

[57] Llewellyn 前揭文注释 49，第 60 页："较之于传统规则将会促使我们所推定的那样（以及存在怎样的可能性必然在这些类似的传统规则之外获得），对于法院将会做出何种判决的准确预测更不具有可能性。到目前为止，人们意图在法律中发现某种确定性的想法完全是一种幻想。"亦可参见 Frank 前揭书（1930 年）注释 51，第 11-12 页：谈到法律的确定性是"一个彻头彻尾的法律神话"："可以说，普遍认为法律是 / 或能够保持大体静止和确定状态的观念是非理性的，应当被视为一种幻想或一个神话。"

[58] Llewellyn 前揭文注释 49，第 62 页："现在一切都已经表明：我们的政府并非一个法律的政府，而是通过人掌控法律的政府。"弗兰克声称："一位法官做出的判决可以被追溯到他早餐到底吃了些什么。"（参见 Horwitz 前揭书注释 48，第 176 页）；亦可参见 Benjamin N. Cardozo, *The Nature of the Judicial Process*, New Haven and London, 1921, p115, p.119："作为最终产品的法律不是被发现的，而是被创制出来的"；"到处都在日趋强调法官的作用与立法者的作用之间存在的相似性"。

内的一场孤立事件。相反，这场运动乃是孕育此种方法的美国“总体知识风气的一个重要组成部分”[59]。更为具体的来说，美国法律现实主义是与当时哲学领域以约翰·杜威（John Dewey）、威廉·詹姆斯（William James）以及查理·桑德斯·皮尔士（Charles Sanders Pierce）为代表的实用主义紧密相连。这种实用主义理论试图将真理与成功解决具体实际问题联系在一起。[60]此外，根据莫顿·霍维茨的观点，[61]法律现实主义者对形式主义的抨击可最好地被视为针对19世纪晚期的传统法律思想所进行的“进步抨击”（Progressive attack）的继续*。肇始于

---

[59] 参见 White 前揭书注释 48；Twining 前揭书注释 48，第 9 页；Horwitz 前揭书注释 48，第 188 页。

[60] 参见 Freeman 前揭书注释 48，第 655 页。

[61] Horwitz 前揭书注释 48。同样的观点参见 Duncan Kennedy, ‘Form and Substance in Private Law Adjudication’, 89 *Harv. L. Rev.* 1685 (1976), 1713-24; Freeman 前揭书注释 48，第 654 页。

* 进步主义运动（The Progressive Movement），也称进步主义（Progressivism），是从 19 世纪末开始一直延续到 20 世纪 20 年代的一场由美国中产阶级知识分子领导的、中产阶级为主体的政治改革和社会改良运动。它是美国社会对美国进入工业化时代后所出现的各种新问题和新情况的一种社会性回应。这场运动在很大程度上突破了美国建国之时树立的宪法原则，对当代美国政府的执政理念与政治主张影响甚巨。当代著名法律史学家莫顿·霍维茨在其所写的经典著作《美国法的转型（1870—1960）——法律正统观念的危机》一书中，将由此种思潮促发的“进步法律思想”（Progressive Legal Thought）对于“古典法律思想”之强力抨击视为影响 20 世纪美国法律之根本走向的重要事件。——译注

Lochner 案[62]的所谓“进步抨击”由罗斯科·庞德为代表的社会法学派以及其他人士发起，主要对包括合同自由制度、财产权绝对制度、过错责任制度以及自由放任（*laissez faire*）市场经济所崇尚的其他制度在内的诸多制度的中立性、天然性以及非政治性进行了批判。[63]尽管如此，后一种观点却被波斯纳斥为“美国法学思想史上的左派”[64]。

虽然美国法律现实主义运动中的大多数中坚人物皆为法学教授，特别是来自耶鲁大学和哥伦比亚大学的法学教授，但这并不意味着这场反抗法律形式主义的运动仅限于法律学术界。相反，这场运动亦对法律实践产生了深远影响。[65]一个重要的例子就是《美国统一商法典》(UCC)，该法典的主要起草人

---

[62] 在 1905 年 Lochner v. New York 一案中，美国最高法院推翻了一项限制面包工人最高工时的法律，并由此在实际上使得合同自由得以宪法化。参见 Horwitz 前揭书注释 48，第 5 页。对于这项自由与欧盟条约所规定的四类基本自由的一个对比，参见 Christian Joerges, ‘The Impact of European Integration on Private Law: Reductionist Perceptions, True Conflicts and a New Constitutional Perspective’, *ELJ* 1997, pp. 378-406.

[63] Horwitz 前揭书注释 48，第 170 页。

[64] Richard A. Posner, *Overcoming Law*, Cambridge (Massachusetts) and London 1995, pp. 271-286.

[65] See e.g. Richard A. Posner (ed.), *The Essential Holmes; Selections from the Letters,Speeches, Judicial Opinions, and Other Writings of Oliver Wendell Holmes, Jr*, Chicago and London, 1992, p. xi.

就是这场运动的核心人物卡尔·卢埃林。这部商法典，以其采用的功能主义方法以及缺乏抽象规则的秉性，可被视为美国法律现实主义运动促发的一个典型产物。[66] 另一个例子来自杰罗姆·弗兰克。他当时身为纽约州执业律师，事后成为高等法院的法官。当然，最为人所知的例子则是美国法律现实主义运动的鼻祖（proto-realist）：奥利弗·温德尔·霍姆斯。有必要特别在此提到的是，霍姆斯并非纯粹是一位仅对理论事物感兴趣的学者。虽然，他曾在哈佛大学担任过一些年的法学教授，但其人生的大多数时间担当的角色却是一位具有重大影响的法官。他在美国最高法院任职二十多年，成为了美国备受敬仰的法官。

二、现实主义法学运动的遗产

这场反抗法律形式主义的运动决定性地确立了美国法律文化发展的方向。这场运动赋予了美国法律文化自身独有的特点，并使其与英国（以及其他欧洲国家）法律文化分道扬镳。从这次法律现实主义革命开始，美国的法律方法渐趋远离教义主义的样态。无怪乎理查德·罗蒂（Richard Rorty）近来做出了这样

[66] 参见 Twining 前揭书注释 48：第 11 章与第 12 章。芝加哥仲裁项目是另一个例证。参见 Freeman 前揭书注释 48，第 662 页；Twining 前揭书注释 48，第 181 页。

的评论:“现在看起来每个人都成为一位法律现实主义者”[67];由此看来,法律现实主义,在与法律形式主义斗争的过程中,已经取得了最后胜利。在今日美国的法律话语中,政策问题成为法律论争的核心。[68]法律判决的结果成为实用主义者聚焦的所在。尽管对于这场现实主义运动所具有的巨大意义与成功之处到底为何,[69]这场运动留下的遗产是什么等问题仍旧存在很大争议,[70]但在这场运动中那些法律现实主义者采用的反形式主义

---

[67] Richard Rorty, *Philosophy and Social Hope*, London 1999, p. 93. 他继续谈道:“已经不再有人想去谈论一种‘法律科学’。没有人会质疑(……)‘对于形式主义的反抗’,无论在法学理论领域抑或一般美国智识生活中,都是一种真正的进步。”“似乎非常适当地做出此种断言:与杜威结盟的法律现实主义者进行的斗争在实质上已经取得了胜利。”详见下文所述。

[68]“我认为,在世界上没有哪个法律体系像美国法律体系那样在私法论争中考虑如此众多的社会政策问题。” Compare Jan M. Smits, *The Good Samaritan in European Private Law; On the Perils of Principles without a Programme and a Programme for the Future*, Deventer 2000, p. 26.

[69] Posner 前揭书注释 64,前言第 14 页:认为“法律现实主义运动(更为准确地说,法律实用主义者的运动)是对 20 世纪美国法律思潮和法律实务最有影响的学派”。

[70] 参见 Freeman 前揭书注释 48,第 667 页以下;Twining 前揭书注释 48,第 375 页以下;Horwitz 前揭书注释 48,第 193 页以下;Posner 前揭书注释 64,第 271 页以下;Duxbury 前揭书注释 48,书中各处。比较 Duxbury 前揭书注释 48,第 64 页:“美国法律现实主义是当代法学中的重大悖论之一。在 20 世纪的法学潮流中,没有哪种潮流对法律思潮产生了如此重大的影响,但同时也遗留下如此众多的含混不清、未决以及不明确的问题。”

（欧洲称为“反教义主义”）方法、他们对于规则适用之具体结果的实用主义式的关注、他们对于法律所持的外在视角与批判视角以及他们对社会科学诸学科之间人为设定之界限的摒弃等，为诸如法律经济分析、法社会学、法律与文学、批判法学理论（CLS）、法律与性别以及法律与种族等种种不同学科与学术运动奠定了基础。对于欧洲人而言，当打开一本美国的法律杂志之时，一种典型的第一反应就是：杂志几乎没有包含一篇关于“法律”的文章。的确，较之流行于欧洲的那种阐述概念与概念之间联系的文章，这些杂志上的文章大多趋向采用经济、政治、社会、行为以及其他的模式对特定问题进行分析。此外，自从这场法律现实主义运动之后，看上去美国的法律文化从来没有丧失过其自身前进的动力：层出不穷的敢于对通说提出挑战的新的学术运动一直都在驱使着这个进程不断向前发展。[71]

[71] “实际上，在我看来，美国法律当前所享有的威望大部分在于其适应能力，其能动性，其灵活性，简言之，在于一个非常重要的文化要素所说明的品质：这就是一个法律体系，在这个体系当中，事物所建立的秩序不断地受到相反趋势的质疑，而这个体系的存在避免了僵化，或者，在任何情况下都降低了这种风险。”参见 Muir Watt 前揭文注释 15，第 407 页。

第三章　欧洲法律现实主义

正如我们从上述所论中看到的那样，欧洲法律文化（特别就私法法律文化而言）仍旧在很大程度上带有形式主义、教义主义以及实证主义的色彩。这种情形有些出人意料，毕竟欧洲也曾出现过一场法律现实主义运动。甚至，法律现实主义就发源于欧洲。

一、法律现实主义

几乎在一个世纪之前，1910 年 10 月 31 日，亨利·海曼斯（Henri Hijmans）教授在阿姆斯特丹大学发表了他的就职讲演。在这场名为“现实中的法律”（Het recht der werkelijkheid）的讲演中，海曼斯呼吁法官、法律学者以及立法者采用一种新的法律方法。[72] 海曼斯的这场演说对于当时流行的教义主义式的法律方法进行了有力的抨击：反对精密的法律推理（scherpzinnige redeneerkunst）；反对法律建构（juridische constructies）；鼓吹从成文法中解放出来（vrijmaking van de wet）；鼓吹从语言强制中解放出来（vrijmaking van de dwang der taal）；鼓吹一种他称之为“真正的活法”（real living law）的新的现实主义法律方法。[73] 海曼斯教授的这些主张并非无人响应，恰恰相反，在欧洲其他国家，此时也涌动着法律现实主义的思潮。

在德国，欧根·埃利希（Eugen Ehrlich）、赫尔曼·坎托罗维奇（Hermann Kantorowicz）以及其他“自由法学运动”（Freirechtbewegung）的领袖们也发出了相同的呼吁。[74] 以埃利希、坎托罗维奇以及其他学者为代表的“自由法学”（Freirechtslehre）的主要特点在于对理性的彻底怀疑。他们认为，法官的判决首先

---

[72] Henri Hijmans, *Het recht der werkelijkheid*, Haarlem 1910.

[73] “我的目的仅在于向你们证明：何时以及怎样，独立于法律本身的，私法争端的解决方法可以从法律本身获得。也就是说，我意在向你们展示，在法定法之外，一种现实中的法律是如何存在的。这种法律是一种较高程度的法，要求在法学领域中占有一席之地，在法律实务领域中获得应有的认可。” Hijmans 前揭书注释 72，第 4 页。

[74] 参见 Larenz 前揭书注释 17，第 59 页以下。

由其主观意识决定，而这种意识可通过某种方式加以确定。[75] 具体而言，他们对于法律类推、广义法律解释、法律拟制、立法理由（*ratio legis*）、法典或成文法的精神、体系、归纳与演绎以及法律确定性等所具有的合理性与客观性表示怀疑。[76] 坎托罗维奇尤其对于崇尚一致性与综合性的“教义学”进行了批判，并将其斥为“法律的夸大妄想狂”（juristischen Größenwahn）：除了法学之外，没有其他科学声称拥有解决自身所有问题的答案（且是正确答案）。[77] 在当时的早些时候，也就是在 19 世纪的最后十几年里，鲁道夫·冯·耶林，在起初担当一个忠实的体

---

[75] 当然，这种论断同样适用于学者。Gnaeus Flavius (Hermann Kantorowicz), ‘Der Kampf um die Rechtswissenschaft’, Heidelberg 1906 (reprinted in: Thomas Würtenberger (ed.), *Rechtswissenschaft und Soziologie; Ausgewählte Schriften zur Wissenschaftslehre von Hermann Kantorowicz*, Karlsruhe 1962), pp. 27-28: “这样就在教科书中形成了一个由各法律组成的大体系，如其创造者之个性是一致的，那么这个体系就是完整、无矛盾的，如其创造者之个性相互矛盾，那么它必然相互矛盾……然而，让所有的这些教科书和体系，像其标题所鼓吹的那样阐述真正的国家法时，要敏锐地表达其创作者们在道德感、政治感及法律感方面的个性，都是完全不可能的。”

[76] “美好的理想毋庸置疑，但这种理想却永远无法实现。如果判决可以预见，就不会再有诉讼和判决，因为，有谁会明明知道自己将要败诉还去打一场官司呢？” Kantorowicz 前揭书注释 75，第 43 页。

[77] “在任何一门理论科学或者实践科学当中都不会存在这样的观点，即它将有能力，甚或已经能够解决每一个能想到的问题。……唯独只有法学笃信依靠其所谓的体系完美性，能解决每一个能想到的问题，并且甚至要求其入门者也有这种能力。” Kantorowicz 前揭书注释 75，第 17—18 页。

系建构者角色之后，开始转向以尖刻的讽刺方式对当时的概念法学（Begriffsjurisprudenz）进行抨击。[78] 耶林自身鼓吹的是一种实用主义式的法学观点。[79] 他认为：真正重要的是由社会所赋予的法律规则本身的目的。他这样说道："很遗憾，我们的法学方法把制度的解剖学结构看得实在过重，而把功能看得过轻。"[80]

---

[78] 在这一方面，可参见他在 1921 年出版的最有名的著作《法学的概念天国》（Im Juristischen Begriffshimmel）。在该书中，他提出，作为一位罗马法学者，在他死后，他将有权进入法学的概念天国（而法律实务者将不被允许进入此处）："作为罗马法学家，你将进入法学的概念天国。在那里，你会再次找到在尘世中与你终日相伴的那些法律概念。但那些概念已不像你在世俗的立法者和法律实践者那里看到的那样残破不全，它们纯净无瑕、完美无缺。"尽管如此，就像普赫塔、萨维尼以及其他学者所经历的一样，在获得进入天国的许可之前，他必须通过一种智力练习的考试，在这种考试中，诸如"头发丝分割机、拟制器、建构器、吹毛求疵液压解释印刷机、琐事墙"等各种有趣的机器将出现在其中。

[79] 耶林实现"转变"之后所写的一部重要著作的题目即为《法律的目的》（Der Zweck im Recht, 1877）。

[80] Rudolph von Jhering, *Geist des Römischen Rechts auf den verschiedenen Stufen seiner Entwicklung, Part I,* 6th ed, Leipzig 1907, p. 50, note 19. 亦可参见该书第 48 页、第 49 页："没有什么比将法律等同于一个哲学体系，仅仅从其精神内容、逻辑的构成和完整性层面来评判它更荒谬的了。尽管它在此观念下看上去像是一个杰作，但其真实价值却与此毫不相干；其真实价值在于其功能，也就是说，在于其实践可用性。如果一台机器不能工作，那么要它干什么呢"；"是的，阐述者很容易沉溺于这样的幻觉中，即对相同的素材，如果将其作为概念的流出物，而将概念看作原初的、因其自身而存在的事物，这样的处理方式会显得高贵和博大；而这事实上完全是对法律的逻辑建构，即便这种建构堪称完美，它也（转下页）

同样，在法国，诸如（比较法领域中的）雷蒙德·萨莱耶（Raymond Saleilles）与（特别是）提倡“自由的科学探索学派”（libre recherché scientifique）的弗朗索瓦·惹尼（François Gény）等学者不仅对法典注释学派（École des exégètes）的很多推定进行了抨击（特别是“成文法完整性之推定”），而且公开批驳了逻辑建构的虚假性。[81] 此外，与美国的情形大体相同，此时，促发理论产生剧变的社会与经济条件也已然具备。

二、重构

然而，肇始于19世纪的极端形式主义（德国的“概念法学”、法国的“注释学派”以及荷兰的“形式主义”）在所有的欧洲国家都遭受了挫败[82]，虽然从20世纪开始一系列的社会改

（接上页）只是次要的，只是其所服务目的的产物而已”；“一般说来，法律的功能在于实现其自身。不能将它自身变为现实的，不是法律；相反，发挥了这一功能的就是法律，即便尚未被确认为法律（习惯法）”。

[81] See François Gény, *Méthode d'interprétation et sources en droit privé positif : Essai critique*, 1899. Compare Jacques Ghestin, Gilles Goubeaux, *Traité de droit civil, Introduction générale,* 3rd ed., Paris 1990, nos. 147 ff.; Jean Carbonnier, *Droit Civil; Introduction,* 25th ed., Paris 1997, no. 152.

[82] 参见 Larenz 前揭书注释 17，第 11 页以下；Ghestin/Goubeaux 前揭书注释 80，第 140 页以下；P.C. Kop, *Legisme en Privaatrechtswetenschap*, Deventer 1982; G.C.J.J. van den Bergh, *Geleerd recht*, 4th ed., Deventer 2000, p. 105 ff.

变对法律产生了巨大冲击，但法律现实主义几乎从未在（除了斯堪的纳维亚国家外）欧洲取得胜利。在有些时候，这场运动甚至遭遇到了非常尖锐的批评。虽然在今日之美国，那些法律现实主义者皆被视为英雄；[83] 但在欧洲，他们同行中的绝大多数已被长久地遗忘，即使最好的一些亦大体被视作法学史上的怪人 [84]。

那么，导致法律现实主义运动在欧洲与美国的不同际遇的原因何在？究竟发生了什么？在欧洲，教义式一系统化的法律方法并未被法律现实主义革命抛弃。要求改变的诉求在一定程度上被内化于整个法律体系，并被融入流行的法律方法之中。19 世纪建构私法的主要一些制度，诸如合同自由、所有权绝对

---

[83] 关于美国现实主义学者和现实主义的传记和其他著作的数量超乎寻常。

[84] 阿姆斯特丹大学曾出版过一本过去百年中十五位知名教授的肖像集 (J.C.H. Blom, P.H.D. Leupen, P. de Rooy, T.J. Veen, L. Kooijmans (eds.), *Een brandpunt van geleerdheid in de hoofdstad; De Universiteit van Amsterdam rond 1900 in vijftien portretten*, Hilversum/Amsterdam 1992)，其中包括三位法学教授的肖像，他们是阿塞尔（T.M.C.Asser），斯图肯（A.A.H. Struycken）以及保罗·舒尔腾（P. Scholten），但却没有海曼斯（Henri Hijmans)。同样，他也未被列入六十位荷兰重要法学家的肖像合集中 (T.J. Veen, P.C. Kop (eds.), *Zestig juristen ; Bijdragen tot een beeld van de geschiedenis der Nederlandse rechtswetenschap*, Zwolle 1987)。尽管如此，在 De Boer 主编的一本论文集中（Th.M. de Boer et al., *De werkelijkheid van I. Henri Hijmans; symposium gehouden op 23 oktober 1987*, Deventer 1988），海曼斯获得了颇高的评价，特别是其中刊载的 J. van Schellen 所写的《现实中的法律》(Het recht der Werkelijkheid）一文（第 58 页），将其誉为“一位被误解的天才”。近期的文献，可参见 H.C.F. Schoordijk, ‘Het einde van het recht der werkelijkheid?’, *WPNR* 6444 (2001), p. 451: 提到“向现实主义法律的回归”。

以及过错责任并未被抛弃。相反，为了减缓这些制度的消极效应，一些新的制度得以引入。权利滥用、诚信、严格责任以及不当得利等制度像安全阀一样在一定程度上消解了整个私法体系所承受的压力。通过同样的方式，法律解释中的目的论解释方法也被增添到文法解释与体系解释的方法之中。[85] 一些主要的学者并未像坎托罗维奇、海曼斯以及其他法律现实主义者那样，将探索的视角跨出整个体系之外，对法律现实进行分析。这些学者忠实地停留在整个体系之内，但却通过某种方式打开了面向法律现实的多扇窗户。以此方式，他们创设了一种可与法律现实保持相互联系并进而可依据外在改变而进行（适当）调整的“开放型系统”(open system)。

在荷兰，爱德华·梅耶斯与保罗·舒尔腾（Paul Scholten）在重构系统化的法律方法过程中发挥了重要作用。[86] 在法国，看

---

[85] See e.g. Paul Scholten, *Mr. C. Asser's handleiding tot de beoefening van het Nederlands burgerlijk recht; Algemeen Deel*, Zwolle 1974 (first edition 1931), p. 35. 关于法国的情形，可比较 Carbonnier 前揭书注释 81，第 155 页。

[86] 参见 Scholten 前揭书注释 85，第 76 页：“尽管如此，毫无疑问，法律构成了一个系统，一个符合逻辑的适当的规则整体。但一种系统本身，并非基于其是有缺陷的人类智力成果就表现出随处可见的缺陷，而是这种系统拥有一种不能被终结的品性，因为这种品性正是在判决之时增添一些东西进入这一系统本身的基础所在。质言之，将这种系统，称之为一种‘开放性系统’最为适当。”梅耶斯对于私法重构最伟大的贡献是他主张编纂新的民法典（参见 Meijers 前揭文注释 1）并直接规划了这部新民法典。比较 Kop 前揭书注释 82，第 65 页。

上去昂利·加比唐（Henri Capitant）也扮演了必不可少的角色。[87] 诚如克里斯托夫·雅曼（Christophe Jamin）所言，“传统的方法或者说注释的方法为新的方法所战胜并取代，我称之为学说主义（doctrinaliste）。它（学说主义）立足判例，比法律本身更能反映法律生活。它并不局限于描述法律生活的复杂性、允许多种路径并存，还进行分类、遴选，从中抽象出体系化的原则，使之与其他原则、框架以及存留的传统分类形成对照，进而保障整体的严密性或者至少表面如此。简言之，学说主义构建了法的一般理论。它既不损及法的形式主义，亦不损及法的独立性”[88]。此外，在德国，由菲利普·赫克（Philipp Heck）以及其他学者所倡导的“利益法学”（Interessenjurisprudenz），无论在理论抑或法律实践领域都取得了成功（在法学方法论“Methodenstreit”层面的论争中赢得胜利）。[89] 利益法学是针对概念法学（由赫克赋予的这一名称）的一种回应，被视为对当

[87] 此外，惹尼的方法本身一点都不具有革命性。惹尼将法律未予规定之情形视为例外情形（允许自由的科学探索），但并不认为“自由的探索”是随意而为的，毕竟这种探索是“科学的”。

[88] 参见 Jamin 前揭文注释 24，第 133 页。

[89] 参见 Larenz 前揭书注释 17，第 49 页。亦可参见 Wolfgang Fikentscher, *Methoden des Rechts in vergleichender Darstellung, Band III Mitteleuropäischer Rechtskreis*, Tübingen 1976, p. 380：“对于利益法学而言，最重要的是（……）它在实践中的胜利。”

时法律方法的一种解放（堪与惹尼对于法国之影响，舒尔腾对于荷兰之影响相匹敌）。根据利益法学理论，在审理案件的过程中，法官可以被允许考虑来自社会的需要与诉求。这种法律理论通过对在某种冲突中关涉的各种利益进行评估来取代机械的形式逻辑式的涵摄方法（subsumption）。[90] 尽管如此，实际上，这些学者从未与实证主义（他们增添了新的可作为实证法因果关系的事实因素：价值与利益[91]）和体系主义分道扬镳。[92] 相反，通过此种方式，他们明确而坚定地拒绝了“自由法学运动”。[93] 在其他欧洲国家，也能看到曾出现的类似的发展情况。[94] 由此可以说，一场诸如美国那样的法律现实主义革命在欧洲并未出现，取而代之的是一种对于法律形式主义有节制

[90] 参见 Larenz 前揭书注释 17，第 58 页。

[91] 比较 Larenz 前揭书注释 17，第 53 页：“他们指示法官在审理案件时，去领悟那些在所涉及的法律当中所包含的价值判断，以此，利益法学对在形式主义思想和严格的法律实证主义熏陶之下成长起来的一代法律（学）人——在实际上并没有破坏实证主义栅栏的情况下——起到了解放和促进的作用。”

[92] 他们仅给外在系统（außeres System）增添了一个内在系统（inneres System）。

[93] “利益法学的代表有理由反复强调，他们的理论和‘自由法学运动’有着本质上的区别。因为，除了少数的例外情况，他们把法官的法律发现看作是由理性思考引导的。（……）因此，法律实践在绝大多数情况下也是遵循利益法学，而非自由法学理论。”比较 Larenz 前揭书注释 17，第 62 页。

[94] 关于意大利的情形，参见 Sacco 前揭书注释 11，第 256 页以下（提到“意大利的效仿者”）。

的抨击，一场并未放弃他们对于理性化与体系化之信仰的运动赢得了最后的胜利。[95]

由此可以断言，与其说在欧洲发生的是一场反抗法律形式主义的运动，毋宁说只是一次渐进的改革。[96]立法者与法官大体接受了（一般制度或原则之外）存在的诸多例外：合同自由（如劳动立法）与合同效力（诚信原则）、所有权绝对（权利滥用）以及过错责任（严格责任）等。所有的这些变革，大体都是在一种相对缓和、没有出现任何强烈动荡的情形下实现的。借助此种方式，在整个体系之中，特别经常在民法典之中，得以对新的社会发展带来的挑战进行调整吸收。以此，并未对诸如合同、侵权行为以及财产权等基本性的私法制度或者由民法典所例证的公/私法二元划分造成根本性的冲击。取而代之的方法则是，由立法者以及（特别是）法官主导之下的渐进调试。[97]在这种情形下，对于自身担负的新的角色，法院亦更

---

[95] 在 1933 年，海曼斯曾发起另一次尝试（See I. Henri Hijmans, *De tweesprong der rechts wetenschap*, Zwolle 1933），但仍旧没有促成一次根本性的变革。

[96] 关于法国渐进改革的论述，参见 Muir Watt 前揭文注释 15，第 516 页："法国法对规范理性的忠诚，规范理性在现实中被证明是非常精细的，因为它灵活地运用了适当的方法，而没有像美国那样取道'哥白尼'式的方法论革命。"

[97] 伴着新的立法的出台和法典的重构化运动，一种针对"立法者目的"的研究兴趣也开始复苏。学者和法院试图通过立法记录（travaux préparatoires）来获得这种"目的"。对于（家庭法改革之后）法国的情形，参见 Ghestin/Goubeaux 前揭书注释 81，第 160 页。

为容易适应：他们直接将自身融入作为一种（新的）法律渊源体系（成文法之外的不成文法体系）中即可。[98] 这种渐进的转变最终造就了以上我所描述的当前的欧洲法律文化。[99]

三、一些可能的解释

法律现实主义在欧洲与美国获得不同成功的原因何在？为

[98] 比较 Jamin 前揭文注释 24，第 134 页："实际上，（加比唐开创的方法）并没有完全与前人的方法决裂。没有用法律或者法典作为出发点，它致力于判例，以便把他的贡献赋予周遭的社会学，但它采用了一种推理类型，绝对地借用了同一种形式主义，以服务于科学上著名的和谐建构。在以判例而不是法律为基础建构一个体系的时候，加比唐的确使得法律渊源多样化了，但是至少我们可以从注释的永久性角度讲，他并没有表现得比其前人更像现实主义者。"

[99] 正如上文所提到的那样，在一些欧洲国家，重构化运动甚至造就了一部新民法典的出台。在荷兰，人们普遍相信 1992 年民法典的出台将不可能导致新的形式主义（legisme）。See A.S. Hartkamp, ***Wetsuitleg en rechtstoepassing na de invoering van het nieuwe Burgerlijk Wetboek***, Deventer 1992；Kop 前揭书注释 82，第 65 页。尽管如此，自从这部新民法典出台后（甚至在其出台前的稍早一点），人们关注的重点，尤其在法学教育领域，大体都集中在新法典的结构和概念方面。一个极端的例证就是"民法研究系列丛书"（Studiereeks Burgerlijk Recht），是大多数荷兰大学采用的主要教学材料。当然，不可否认，新民法典的出台并没有引发类似 19 世纪的那种排他的以严格注释法典文本为特征的新的形式主义的出现。比较 Veen 前揭文注释 2，第 87 页。对此可参见下文注释所涉及的荷兰最高法院对于"合同终止权"的态度。

何欧洲没有接纳反形式主义的法律方法？一般而言，美国的学者倾向于提出诸如此类的问题。

对于美国与英国两者之间的不同，阿蒂亚与萨默斯依据两国法官对各自国家其他机构良性运作的信任程度而提出了一种合理解释："根据形式性依据来作出判决，就是完全排除考虑由争议案件所引发的实质性论据。[100] 这就要求判决者拥有某种程度的信念，相信法律体系的其他部分运作良好，因而此刻他可以实行某种自我约束，不擅自行事。但是，如果那些实质性论据根本得不到考虑，进一步讲，如果根本不存在考虑它们的机

[100] 对比一下荷兰最高法院的情形。荷兰最高法院对荷兰民法典（NBW）第6：265条（关于双务合同终止的规定）作出了一种非常形式化的解释，因为该法院认为1992年的立法者在适当权衡合同双方当事人利益之后有意做出了这样的规定，并拒绝对由相当一部分法律学者提出的实质性论据进行考量，虽然它认为，就与继续履行权的诸多限制（相关的）问题而言，完全可以这样自由为之。See F.B. Bakels, *Ontbinding van wederkerige overeenkomsten*, Deventer 1993; T. Hartlief, *Ontbinding: over ongedaanmaking, bevrijding en rechterlijke bevoegdheden bij ontbinding wegens wanprestatie*, Deventer 1994 and others. 相关的问题，详见 M.M. Stolp, 'De bevoegdheid tot ontbinding ex art. 6:265 lid 1 BW in het licht van subsidiariteit en proportionaliteit', *NTBR* 2000, p. 352 ff.; M.W. Hesselink, 'The Principles of European Contract Law: Some Choices Made by the Lando Commission', in: M.W. Hesselink, G.J.P. De Vries, *Principles of European Contract Law; Preadviezen uitgebracht voor de Vereniging voor Burgerlijk Recht*, Deventer 2001,p. 64 ff.; Muriel Veldman, 'Grenzen aan het recht op nakoming', *WPNR* 2001, pp.727-738.

会，那么根据纯粹的形式推理来作出决定，就排除了判决系根据那些通常与其直接相关的因素做出的可能性。”[101] 阿蒂亚与萨默斯认为，针对法律与政治体系其他部分功能运作而做出的推定，英美两国存在根本性的不同：对于政府组织的其他部分以及所属公务人员自身的良性运作，英国法官一般都高度信任；而反观美国，这种对于政府组织的其他部分以及所属公务人员的信任通常付之阙如。[102] 这种对于英国情形的看法同样亦可适用于其他多数欧洲国家。基于同样的推论，如果后一种看法正确，那么，当欧洲人对于其他机构，如欧盟的那些机构，[103] 产

[101] Atiyah/Summers 前揭书注释 44，第 36—37 页。

[102] 另一方面，阿蒂亚与萨默斯认为，较之于美国法官，英国法官更不倾向于信任一般民众或民众的代表——陪审团。根据阿蒂亚与萨默斯的看法，英国所存在的根深蒂固的精英传统（elitist tradition）影响了形式推理和实质推理的采用方式。“换句话说，没有必要向公众告知缘由，让他们相信法律会考虑出现在特定案件中的实质性论据：形式性规则毫无疑问应当得到大众的遵守，但精英们有时候可以伸出仁慈之手。这种仁慈并不能将这些实质性论据整合入规则之中，但它可以通过判决过程中的自由裁量、通过对赦免权的广泛使用或者通过其他方式发挥作用。”参见 Atiyah/Summers 前揭书注释 44，第 38 页。相较而言，在欧洲大陆，诚信、权力滥用以及严格责任存在相互的分离（合同自由与合同效力原则、所有权绝对以及过错责任原则仍旧未受触动）。阿蒂亚与萨默斯认为美国传统中并不存在此种精英式的推定：“对于美国人而言，法律并非是由君主自上而下所强制推行或规定的东西；法律来自人民。”

[103] 荷兰可以提供一个关于信任的极端例证：我们相信立法者不会制定不合宪的法律。所以，我们的法院无权对议会所通过法律是否合宪进行审核，我们本身也没有宪法法院。

生不信任感觉之时，则欧洲的法律文化也会变得不那么的形式主义。稍后我会重新探讨这一问题。

另一个有趣的解释来自邓肯·肯尼迪（Duncan Kennedy）。他认为极权主义（totalitarianism）对20世纪欧洲持续不断的威胁可能是产生这种差别的根源所在；同时，这种对于不稳定状态的忧虑导致了欧洲法律现实主义运动的夭折。“在欧洲，直到近来，一般意识形态领域内的利益冲突较之于美国都更为激烈。自由派（社会民主派）与保守派一直都在捍卫着（政治）中心使其免受共产主义左派以及法西斯独裁主义右派的篡夺——这些派别事实上已经控制着政权或持续威胁夺取政权。……这个中心确认了法治、人权以及建立在自由选举之上的代议制民主作为其自身规划之核心所在。由此，通过政治 / 法律、客观 / 主观、民主责任与职业责任等的划分，进而形成一种强有力的规范性格局：立法 / 司法的二元分立。……面对美国批判法学运动（CLS）对于法治的批判，欧洲人倾向于援用美国人在历史上的清白（historical innocence）加以解释。因为我们既没有经历过法西斯主义也没有经历过事实上存在的社会主义，所以，我们的批判法学主义者们大都天真地愿意铤而走险对当前处在未开化时代的人性政治学之核心架构提出质疑。”[104]

---

[104] 参见 Kennedy 前揭书注释 45，第 73—74 页。

在这一点上，圭多·卡拉布雷西（Guido Calabresi）也持相同的看法。他认为，在20世纪20年代，人们曾经希望，借助法典和宪法对权利加以保护的形式主义方法将能够抵制意大利法西斯制度的肆意妄为。[105] 由此可以断言，如果没有发生俄国革命、第一次世界大战、法西斯主义、纳粹主义、第二次世界大战以及冷战，那么，欧洲的情形将与今日之所现截然不同。这是一个非常有趣的命题。[106] 如果这种论断正确，则现在可能正是发生一些改变的时候。

第三种解释来自一种实用主义的观点。这种观点认为：一般而言，对通过这种方法而获得的实质性结果，我们非常满意；从这个意义上而言，我们欧洲当下采用的法律方法仍是有效的。同时，不应忘记的是，无论对于美国法律现实主义者抑或对于批判法学主义者而言，这种方法都是不同的。法律现实主义

---

[105] Guido Calabresi, 'Two Functions of Formalism', 67 *U Chi L Rev* (2000), p. 482: "对于反对法西斯主义的学者们而言，19世纪自洽的形式主义体系成为一种威力巨大的武器。但一种形式化的、自洽的、无可挑剔的法律体系（自然）也是保守的。它不能被改变。"

[106] 参见Horwitz前揭书注释48，第187页。作者这样评论美国法律现实主义者："他们幸运地出现在这种特殊的时刻，此时大萧条和早期的新政早已扫除了旧秩序的合法性基础，从而使得在不久之前看起来尚不可能的事物现在变得——如果不是不合理的话——可能起来。（对于传统法律思想的）反抗由此获得了暂时性的容忍。"

者致力于法律的社会化，而对建立在合同自由、财产权绝对以及过错责任等基础之上的传统私法的形式主义的应对方式进行抨击。[107] 同样，大多数“批判法学主义者”意欲对美国社会进行一次彻底变更。他们都持有其自身的实质性（有时是非常极端的）规划：马克思主义、“左翼现代 / 后现代主义”、女权运动、种族平等等。这些对于形式主义的反抗并非是围绕方法论而展开的政治上不偏不倚的论争。[108] 法律现实主义者与（尤其是）批判法学主义者指责他们的对手借助一种形式主义的法律方法维护他们实质上的（政治）地位。而那些传统法学思想的捍卫者则可能简单地以一句“你可能不喜欢它，但它毕竟就是法律”加以回应；这种回应实际上并未给出理由。好像他们故意拖延过他们自身的权利。反形式主义者试图削弱他们的对手在政治辩论中具有的优势，进而迫使他们在平等的情形下讨论一些实质性问题。批判法学主义者认为所谓的“实证法”具有片面性（只是故事的一面），其不过是主导者单方面呈现出来的法律（主导者单方面的叙事）。多数欧洲人认为，即使没有发生一场法律现实主义革命，我们也已经获得了相同的实质性结果。

[107] 参见 Horwitz 前揭书注释 48。

[108] “只要法律人不想去探寻背后的问题所在，对于他们而言，形式主义和反形式主义将一直是一些虚幻的东西。”参见 Van Den Bergh 前揭书注释 82，第 90 页。

确实，多数欧洲人看起来对于我们自身的多数私法制度表示十分满意。而且，在很多方面上，他们可能认为私法在实质上更加优于美国的大多数州法。[109]

此外，很多欧洲人，对于教义式一实证主义式的法律学说在法律发展过程中扮演的角色表示非常认可。对此表示怀疑的人士可能认为，(我在上文中描述的）这种作用，与其说有利于提高我们法律的质量，毋宁说对于巩固学者自身的地位更为有利。尽管如此，获益于这种作用，法院至少可以（在判决过程中）考量各类观点。在这些情形下，反形式主义本身可能冒着成为形式主义者的风险。如果有人意欲改变为立法者、法官、法律学者以及学生所采用的法律方法论而不考虑对法律本身进行任何实质性的变更，那么事实上他只是在解决法律的形式问题。由此，是否可以说，所有的一切在这片古老的大陆上都良性地运转着？不，绝对不是这样。事实上，欧洲存在着一种对于实质性的密切关注，只不过这种关注缺乏一种透明性。[110] 我

[109] 例如，美国人之间就宪法性权利有过非常激烈的争论。但就他们本身存在的种族歧视、贫富差距、国家谋杀（死刑）以及对被政府称为“恐怖主义者”的处理方式等，多数欧洲人将不会投以羡慕的目光。

[110] 同样的看法，参见 Smits 前揭书注释 68，第 25 页。“（价值）判断往往并不明显地表露出来（……）从内国私法的透明性和协调性而言，这是一个危险的因素。”

们认为，学术文章以及对于纠纷中利益关系的讲授、一种解决方法的经济与社会效应、某些可选择性解决方法的优点与缺点以及那些参与论争之人的规划，在通常的情形下，并非是论争首先触及的问题。我们的方法（合理性、统一性、体系性、唯一正确答案等推定）背后隐藏了多元的可能的解决方法、关涉的利益关系、呈现的诸多样态以及在这些事项之间做出选择的必要性。由此可见，事实上，存在很多实质性的事项，只不过它们被一种较为不直接的方式加以表述而已。

最后一种相关的可能解释是可能形式主义并非都是错误的。形式主义本身也存在着一些可取之处。稍后我会重新探讨这一问题。[111]

[111] 这里还存在另一种解释：整体而言，较之于欧洲诸文化，美国文化更倾向于实用主义。罗蒂认为："在七十年前，实用主义相当的惊世骇俗，但在接下来的几十年间，这种思潮逐渐被融入了美国人的共识之中。" 参见 Rorty 前揭书注释 67，第 95 页。然而，同样的情形却并未在所有欧洲国家发生。

第四章　欧洲私法：从形式到实质的转变

尽管如此，欧洲法律沿革史并非本书主要的探讨对象。相反，在本书中，我主要探讨欧洲法律的未来。在本书的余下部分，我将指出：基于欧洲一体化的推动，我们欧洲的法律文化正在经历一次根本性的变革。伴随渐趋形成的新的欧洲私法，一种新的欧洲法律文化也正在形成之中。较之欧洲内国法律文化而言，这种新的欧洲法律文化将呈现出更少的形式主义与教义主义，而更为偏重于实质性与实用性。[112] 为此，我首先将对在立法、司法、学术论争以及法学教育等领域中发生的一些最

[112] 约格斯谈到了一种“新的法律现实主义”。See Christian Joerges, ‘Editorial and Acknowledgements’, *ERPL* 2000, p. vii.

重要的发展趋势进行论述。这些发展趋势都具有一个相同的特点，它们都体现出内在强调重心的转移：从偏重形式化的法律演绎推理方式转向更为强调实质性的法律推理方式。然后，我将对这种新的欧洲法律文化及其对内国法律文化的潜在意义进行评估。

一、具有破坏性的欧盟指令

作为协调欧洲诸国立法之工具的欧盟指令是迄今为止对欧洲私法产生最大影响的一种因素，特别在最近的一些年中，这种影响尤甚。[113] 基于其本身具有的一些具体特点，欧盟指令通过一些不同的方式给欧洲带来了一种新的私法方法。

（一）工具主义方法与功能主义方法

首先，欧盟指令的立法设计建立在一种法律工具主义方法的基础之上，而这种方法与传统私法理念大相径庭。在传统意义上，私法被视为相对独立于政治。[114] 然而，借助于欧盟指令

---

[113] 对于这种影响的详尽论述，参见 Peter Christian Müller-Graff, ‘EC Directives as a Means of Private Law Uni -fication’, in : A.S. Hartkamp et al. (eds.), *Towards a European Civil Code*, 2nd ed.,p. 83.

[114] “絮绕整个欧洲法律思想几个世纪之久的法律形式主义使得私法沾染了一种技术中立（technical neutrality）的色泽。”参见 Caruso 前揭文注释 11，第 28 页。

这种载体，欧洲私法明显地成为一种旨在实现政治、社会、经济以及其他目标的工具。欧盟指令的存在使得我们必须面对这样的现实：私法也是规制私法关系的一种工具。私法可以被立法者用来完成某些目标。

当前，很多学者仍旧习惯于将私法或者私法的一般构成部分（特别是合同法、侵权行为法以及财产法）看作具有内在逻辑且在本质上建立在“公平”或道德基础之上的法律。[115]然而，这种观点在理论上已渐趋丧失其既有的解释力。[116]立法者使用私法作为完成某种目标的工具。而在过去一个多世纪的时间里，他们只是借助于单行立法或其他具体规则获致同样的效果。为了试图适应这种发展趋势，立法者将所制定的新的规则作为“分则”以期确保一般私法规则（或英格兰、威尔士的普通法）能够保持政治上的中立性质。然而，这种立法策略却导致“一般私法”陷入了这样的危险之中：伴随大多数有意义的法律部门成为具体规则规制的领域（如消费者保护

---

[115] 详见 Smits 前揭书注释 68。亦可参见 Caruso 前揭文注释 11，第 28 页：“法典明显被视为一些具备完全自指性质（self-referential）的机器。有限的规则与学说可对任何法律问题提供无尽的答案。”

[116] “人们必须留心不要一直陷入‘共同体之前所存在的’过时的公 / 私法两分的观念之中。借助于各种形式的强制式、家长作风式或分配式的法律规定以及在私法关系中对基本权利的认可，规制型国家对于经济领域的入侵，已经司空见惯，遍布于我们私法的所有体系。”参见 Joerges 前揭文注释 62，第 394 页。

法、劳动法以及竞争法等)，一般私法变得愈加抽象并日趋丧失其存在的意义。在美国，(肇始于法律现实主义运动）长期以来，无论是左翼的干预主义者，抑或更为崇尚市场自由之调控的学者，大体都认同私法也是一种执行社会政策的工具。的确，通过对一般私法（普通法）的不同规则所具有的经济效用进行对比研究，法律经济分析学者主张采用一种规则而抛弃他种，因为此种规则较之其他种规则更有效率。相较而言，在欧洲，此时也正是我们充分面临这种现实的时候。在任何情形下，欧盟指令的存在都迫使我们必须如此。当前我们所面对的现实是欧盟指令正在影响着债法的一般部分。有鉴于此，我们需要采用一种新的私法方法。在欧盟指令转化(transposition）为内国法之后，我们应当放弃那种将内国私法视为一种内在协调一致之逻辑系统的固有观点。相反，我们应当着眼于指令所承载的目的，同时，应当根据这种实质性的目的对其加以解释，而非关注于被用来实施这些指令的形式化的概念。

欧盟指令具有的（相关的）第二个特点，或许也是最为重要的一个特点就是它们所彰显的法律的功能主义方法。对于欧盟公民，欧盟指令并无直接的拘束力（也即并没有直接水平效力[117]）；这些指令仅对欧盟成员国具有拘束力。详言之，这些成员国仅仅负有达到某种实质性结果的义务；原则上，每个成员国可以自由选择通过何种方式达到这种结果［《欧盟条约》第249条第3款（原第189条第3款）］。[118]也就是说，欧盟指

[117] Case C-91/92 (Faccini Dori v Recreb). 关于规则与指令之间存在的不同，可参见 Paul Craig, Gráinne de Búrca, *EU Law; Text, Cases, and Materials*, 2nd ed., Oxford 1998, p. 108. 对此所持的批评性意见，参见 Müller-Graff 前揭文注释 113，第 75 页。考虑到诸如 Case C-194/94 (CIA Security International SA v Signalson SA & Securitel SPRL) 与 Case C-443/98 (Unilever Italia v Central Food) 等近期发生的案件，对于欧洲法院拒绝承认指令直接水平效力是否仍能自圆其说，学者提出了质疑。就此，可参见 J.H. Jans, R. de Lange, S. Prechal, R.J.G.M. Widdershoven, ***Inleiding tot het Europees bestuursrecht***,Nijmegen 1999, p. 74. 作者谈到了"附随性直接水平效力"，并认为"我们面临的问题是，这种效力是否能够现实地与直接水平效力加以区分"。关于内国法院负有根据欧盟指令解释内国法之义务，参见下注。（"附随性直接水平效力"，又称"间接性直接水平效力"，是指个人虽然不能援用欧盟指令中的条款对抗其他个人，但可期待法官依据这一指令解释内国法的方式保障其自身权益。——译注）

[118]《欧盟条约》第 249 条第 3 款（原第 189 条第 3 款）："指令，就其意在实现之结果，对每一个成员国具有约束力，但完成此结果的形式和方式由内国政府进行选择。" Compare W. van Gerven, 'L' harmonisation du droit des contrats en Europe; Rapport introductif', in: Christophe Jamin, Denis Mazeaud (eds.), *L'harmonisation du droit des contrats en Europe,* Paris 2001, p. 3:"协调必须和统一相区别。共同体法上的规则就其所有要素都是强制性的，并且能直接适用于所有成员国。此等共同体的规则在成员国的秩序中产生统一的法时，指令则仅约束接受指令的成员国达到某种结果，因此仅仅会导致各国法律规则的一个协调。"

令原则上并不将具体法律概念的引入强加于各成员国。[119] 这些指令都承载着某种实质性的目的，如消除市场壁垒或者为消费者提供保护等。由此不难看出，欧盟指令的立法设计是建立在功能等同物（functional equivalents）观念的基础之上，即欧盟只关注所获得的某种实质性结果而将更愿意采用何种方式执行指令以达到这种结果的自由裁量权留给内国立法者。由此不难看出，欧盟指令并没有采用“形式主义—教义主义”的法律方法而采用了一种法律的功能主义方法。[120]

（二）印象主义式的法律协调

通过指令实现立法协调的另一个（相关的）特点是：这种协调具有明显的印象主义样态。规范具体事项的指令，在大多数法律体系中，仅是更大事项的一个组成部分，并可能与其他组成部分存在系统性的联系。通过指令实现立法协调所呈现的这种拼凑性质（patchwork character）正是工具主义法律方法的

---

[119] 关于“对形式和方式之选择”的意义，参见《欧盟条约》第 189 条第 3 款；Sacha Prechal, *Directives in European Community Law; A Study on EC Directives and their Enforcement by National Courts*, diss. Amsterdam 1995, p. 86 ff.

[120] “就实施的形式和方式而言，这种方法隐含了（……）对内国主权的尊重。总而言之，通过欧盟指令实现趋同，看上去是一种旨在将统一的共同体标准与容忍内国个性的可能性加以调和的方法。”参见 Müller-Graff 前揭文注释 113，第 77 页。

直接结果。[121] 欧盟仅仅关注某些其认为具有经济、社会以及政治意义的法律的具体改变，而对指令必须在其中实施的内国法律体系的其他部分却并不关注。[122] 由此可见，在这一点上，欧盟通常持一种非常狭隘的眼光（位于布鲁塞尔的事务局的眼光），并未考虑到更为广阔的图景。[123] 此外，在很多情形下，或许欧盟也希望能够妥善解决这种问题，只不过它没有能力为

---

[121] See also, L.A.D. Keus, ‘Europees privaatrecht –Een bonte lappendeken’, in: *Preadviezen, uitgebracht voor de Vereniging voor Burgerlijk Recht en de Nederlandse Vereniging voor Europees Recht*, Lelystad 1993.

[122] “应予提到的最后一个问题是，无论就其调整的领域抑或创制的规则，欧盟所采用的措施都呈现出相当分散化之样态。源于由内国政府成员构成的一个机构，这些指令彰显出着眼于现实问题的意味，以至于迄今为止（除公司法之外）并不存在一种内在协调一致的私法层面上的立法概念。”参见 Müller-Graff 前揭文注释 113，第 81 页。

[123] 对于参与制定欧盟指令的布鲁塞尔欧盟文职官员所采用的法律技术，一些学者公开表达了质疑。参见 Vincenzo Zeno-Zencovich, ‘The “European Civil Code”, European Legal Traditions and Neo-positivism’, in Guido Alpa, Emilio Nicola Buccico (eds.), *Il codice civile europeo; Materiali dei seminari 1999-2000*, Milano 2001, pp.377-378: “勒格朗对于欧盟官僚机构采用的法律技术的质疑——这种质疑甚至可能以一种更为直接的方式加以表达——应当获得完全的赞同。(……) 除了一些明显的例外，这些人并不具备运用自如的法律技术。这是因为欧盟本身存在的背景、欧盟征募人员的方式、欧盟机构组成人员之间文化上的不同以及这些人员对诸成员国法律传统缺乏深入的了解。(……) 由此可以这样说，无论从其立法内容抑或立法呈现出来的思想方法来看，完全有理由对欧盟立法进行严厉的批判。”亦可参见 Oliver Remien, ‘Einheit, Mehrstufigheit und Flexibilität im europäischen Privatund Wirtschaftsrecht’, 62 *RabelsZ* (1998), p. 646：“有些指令在编辑质量上存在瑕疵。”

之。欧盟不能随心所欲地颁行各种指令。对于每一个指令的颁行，欧盟都需要获得《欧盟条约》的特别授权。[124]

这种功能主义和印象主义式的私法方法造成了内国法律体系内部的法律冲突，特别对于拥有民法典、抽象概念以及一般规定的民法法系国家，这种影响尤甚。由此，虽然欧盟指令之目的在于实现欧盟层面上的立法统一，但事实上正是它们的存在导致了内国层面上的立法的不统一。可以说，这类指令引发了内国法律体系内部的“分解”。[125]而指令产生的这种破坏性效力正是印象主义式的法律方法造就的直接结果。诚如某些学者所言，规范具体事项的指令，在大多数法律体系中，仅是更大事项的一个组成部分，且可能与其他组成部分存在系统性的联系（内国法律体系的完整性）。[126]从内国法律系统化的视角来看，单纯改变某一具体事项的法律是没有多少意义的。例如，在不公平条款指令、消费者担保指令以及最近的金钱债务迟延偿付

[124] 参见 Van Gerven 前揭文注释 118，第 3 页：“法律基础的要求通常导致共同体指令和规则具有限制性和时间性的特征，因而它们通常仅仅涉及相关国家法律部门的某一部分，而且，其导致每一个成员国的法秩序间的新差异（或者说不协调），亦即，有些规则（涉及类似事宜的）受相关指令或规则的影响，而有些则不受影响。”

[125] 参见 Joerges 前揭文注释 62，第 385 页。

[126] 参见 Joerges 前揭文注释 62，第 396 页：“欧盟规制性的主动行动从未意在构建一种着眼于整体社会领域的法律—制度环境，相反，它们总是仅仅关注某个特定的方面。它们的创新潜力与那种分解性效力事实上都源于这种选择性。”

指令的实施过程中，在欧洲不同的法律体系中皆出现了一系列非常棘手的法律系统化问题。产品责任应如何与内国既有的侵权责任与合同责任建立联系（*action directe*）？[127]为保护消费者免受不公平条款之危害而采用诸如控制条款内容或确立“不利于条款拟定者规则”（*contra proferentem* rule）等方式可否扩展适用于消费者之外的其他人？[128]不同层级的违约救济措施、统一的“交付货物不符”（non-conformity）概念以及不采用“交付了别的货物”（aliud）这一概念，应否扩展适用于其他买卖合同或其他消费者合同甚至所有合同类型？[129]商事合同情形之下迟延支付的利息规则应否扩展适用于其他商事或非商事合同甚至非合同性金钱债务？[130]通过因特网缔结之合同（电子商务）的成立规则应否扩展适用于其他合同类型？[131]

---

[127] 瑕疵产品责任指令（Directive 85/374/EEC）。

[128] 消费者合同中的不公平条款指令（Directive 1993/13/EEC）。

[129] 消费者买卖与担保指令（Directive 1999/44/EC）。“将法律的修订简化为欧盟指令的引入只能产生一系列不稳定和难以理解的规则，因为纯粹的消费者保护规则须被置于整个法律体系之中。”Compare Ewoud Hondius, Christoph Jeloschek, Towards a European Sales Law – Legal Challenges posed by the Directive on the Sale of Consumer Goods and Associated Guarantees, 9 *ERPL* 2001, p. 5.

[130] 商事交易中的迟延支付指令（Directive 2000/35/EC）。

[131] 电子商务指令（Directive 2000/31/EC）. See A.F. Salomons, ‘Inpassen of aanpassen? Vermogensrecht voor het digitale tijdperk’, *WPNR* 6427 (2000), p. 901; Christina H. Ramberg, ‘The E-Commerce Directive and Formation of Contract in a Comparative Perspective’, *Global Jurist Advances*:Vol. 1: No. 2, Article 3. 两者皆持批评态度。

由此，在很多欧洲国家，推行某一具体指令的义务引发了这样的问题：相关法律更为广泛的其他部分是否也需作出相应改变。的确，为解决产品责任指令转化为本国立法的问题，法国花费了十几年的时间，因为该国力图将这次转化扩展成一场涉及合同责任法、侵权责任法以及隐蔽瑕疵法的重大法律改革。但最终，（因为生产商的游说）这次改革仅取得了部分成功。然而，经历这次改革，法国的立法者意识到：如不能确保生产者责任与出售者（商品提供者）责任相互一致，则无法对前者进行立法调整。[132] 此外，恰恰在当前，德国的立法者正在致力于债法（尤其是债务不履行法）的改革工作，[133] 这主要是因为该

[132] See Jacques Ghestin, ‘Le nouveau titre IV bis du Livre III du Code civil “De la responsabilité du fait des produits défectueux” ; L’application en France de la directive sur la responsabilité du fait des produits défectueux après l’adoption de la loi n° 98-389 du 19 mai 1998’ , JCP, 1998, nr. 27, p. 1201 ff.

[133] 参见联邦政府《债法现代化法草案》(2001 年 5 月 9 日)，第 169—170 页："因此，需要考虑的是，指令所要求的转化措施的宽和窄的问题。指令使得原本不直接相关的两个领域债法和时效法交织在了一起（……）讨论还表明，对债法来说，同样是时候关注那些从民法典中不断蔓生出来的（债法）特别法，并将其中趋于稳定的部分纳入民法典了。债法特别法的回归，不仅使得民法典作为核心私法典的地位进一步加强，而且它利用民法典的整合力量，保证并加强了债法的统一。（同时）也存在相反的趋势。由于单独的特别法正变得越来越独立，由于民法典中的债务合同法在每日发生的大宗交易中越来越多地被特别法排除，这种统一性面临着迷失的危险。" See Stefan Grundmann, ‘European sales law– reform and adoption of international models in German sales law’ , 9 *ERPL* 2001, p. 85 ff.

国肩负将消费者买卖与担保指令、[134] 金钱债务迟延支付指令 [135] 以及电子商务指令 [136] 转化为内国法的义务。这次立法改革主要是“债法革新”(Schuldrechtreform) [137] 项目的继续——由于缺乏政治层面上的关注，该革新项目在 20 世纪 90 年代早期陷于停滞状态。[138] 而其他的国家，则单纯通过将指令转化为单行立法的方式，将这种系统化问题留给内国法院解决。例如，对于消费者担保指令的转化，[139] 意大利就是如此，而这种方式亦是过去一些年中英国采用的通行做法。[140]

---

[134] 1999/44/EC (25 May 1999).

[135] 2000/35/EC (29 June 2000).

[136] 电子商务指令（Directive 2000/31/EC）第 10 条、第 11 条以及第 18 条。

[137] 参见政府草案（Regierungsentwurf）第 170 页。

[138] See *Abschlußbericht der Kommission zur Überarbeitung des Schuldrechts, herausgegeben vom Bundesminister der Justiz*, Bundesanzeiger, Köln 1992.

[139] 相比之下，在早期，不公平条款指令则被直接融入民法典中。对此做法的批判，参见 Manola Scotton, ‘Directive 99/44/EC on certain aspects of the sale consumer goods and associated guarantees’, 9 *ERPL* 2001, pp. 143-153.

[140] 尽管如此，当前可参照《合同中的不公平条款：联合协商报告书》（英格兰法律委员会协商报告书第 166 号与苏格兰法律委员会讨论报告书第 119 号，2002 年于伦敦出版）。这份联合报告书提出：通过一部立法临时取代 1997 年的《不公平合同条款法》与 1999 年的《消费者合同中的不公平条款规章》；就企业对企业的电子商务合同（business-to-business contract）中使用的非协商性条款的控制予以合理化；以一种更为明晰、更能为消费者与商事营业顾问易于理解的方式修改立法。

欧盟消费者保护法的发展对内国立法的规范协调性造成了最一般、最基本的问题。欧盟出台了一系列旨在为消费者提供更好保护的指令。然而，不难想象，至少可以这样说，类似的保护措施也应当提供给小企业甚至所有的企业。事实上，针对消费者所课加的限制往往并非出于某些规范性的考量，而是取决于布鲁塞尔欧盟官僚机构的组织运作形式。共同市场和消费者保护的事项由不同的事务局（Directorates-General）负责，而这种机构设置本身就极大地助长了分别制定不同规则对消费者和商事关系当事人进行规范的倾向。然而，由于很多欧洲国家对合同法中的规范协调性已经很熟悉，它们不会（或不再会）根据缔约当事人的不同身份对其在立法上区别对待。[141] 由此，基于欧盟指令的引入而造成的这种精神分裂式（schizophrenic）的合同法规范已在很多欧洲国家造成了（法律适用上的）困惑。[142] 在此种情形下，如果意欲维持合同法规范的协调性，对于内国立法者而言，唯一可行的解决方法就是将指令赋予消

---

[141] 然而，亦可参见R.P.J.L.Tjittes, *De hoedanigheid van contractspartijen*, Deventer 1994.

[142] 出于效率层面之考量，Mattei 对精神分裂式的合同法规范提出了非常尖锐的批评。See Ugo Mattei, ‘Efficiency and Equal Protection in The New European Contract Law: Mandatory, Default and Enforcement Rules’, 39 *Va. J. Int'l L.* (1999), p. 537.

费者的应对措施也同样赋予其他种类的合同当事人。[143]

此外，欧盟颁行的不同指令之间（欧盟立法的统一性）也往往存在相互的不协调。诚如米勒·格拉夫（Müller-Graff）所言："包含调整个人关系之行为规则的欧盟指令的发展，在目前为止，尚未诉诸一种内在协调的私法编纂理念。这主要因为在欧盟条约中规定的具体授权的功能主义导向以及欧盟本身对这些授权的渐次使用（piece-by-piece use）。某一指令的通过往往源于诸如消费者信贷合同或产品责任等某些单一领域问题的推动和启示。"[144] 此外，指令之间的不协调也往往可归咎于负责制定指令的布鲁塞尔的欧盟不同事务局之间缺乏（必要的）相互协作（甚至有时存在公开的竞争）。[145]

对这种印象主义式私法方法引发的诸多问题，一些内国私

---

[143] 参见《欧洲合同法通则》第 4:110 条。该条规定不公平合同条款指令中的消费者规则适用于所有的缔约当事人。

[144] 参见 Müller-Graff 前揭文注释 113，第 77 页；亦可参见 Joerges 前揭文注释 62。

[145] See Ugo Mattei, 'The Issue of Civil Codification and Legal Scholarship: Biases,Strategies and Developments', 21 *Hastings Int'l & Comp. L. Rev.* p.883; Mattei 前揭文注释 142; Ewoud Hondius, Consumer Guarantees: Towards a European Sale of Goods Act, in: *Centro di studi e ricerche di diritto comparato e straniero* (directed by M.J. Bonell), Saggi, conferenze e seminari, no. 18, Rome 1996.

法学者深表惋惜。[146] 而该问题的存在也由此成为他们提出通过编纂一部欧洲民法典以实现系统化立法统一之诉求的主要原因之一。[147]

（三）法律刺激物

虽然，诚如上述所言，原则上欧盟指令仅仅要求实现某种实质性的结果，但在实践中很多指令实际上规定得非常具体以至于几乎未给内国立法者留下任何制定新立法的选择余地。[148]

---

[146] See e.g. Ole Lando, Hugh Beale (eds.), *Principles of European Contract Law, Parts I and II*, Prepared by The Commission on European Contract Law, Den Haag 2000, p. xxii；Hein Kötz, 'Comparative Law in Germany Today', *RIDC* 1999, p. 753 ff. 详见 Müller-Graff 前揭文注释 113，第 82 页；Joerges 前揭文注释 62；Caruso 前揭文注释 11，第 14 页；Remien 前揭文注释 123，第 639 页；Zeno-Zencovich 前揭文注释 123，第 378 页；M.W. Hesselink, *De redelijkheid en billijkheid in het Europese privaatrecht*, Deventer 1999, p. 20；Hesselink 前揭文注释 100，第 22—23 页以及相关引文。

[147] 比较 Zeno-Zencovich 前揭文注释 123，第 378 页："可以合理地认为，提出编纂一部欧洲民法典的建议是对由欧盟官僚机构所推动的一般立法具有的零碎性和理论上不协调性日渐增多之不满的一种回应。" 对比 Müller-Graff 前揭文注释 113，第 73 页："当前，欧盟指令似乎构成了旨在于欧盟成员国私法之间实现较高程度之协调的最为现实和首选的方法。"

[148] 参见 Müller-Graff 前揭文注释 113，第 73 页；Prechal 前揭文注释 119，第 16 页。由此导致欧盟指令与规则之间存在的实际差别在相当程度上已经弱化。参见 Mattei 前揭文注释 142。亦可见 Müller-Graff 前揭文注释 113，第 81 页："在任何情形下，私法趋同的目的在于克服因为具体私法规则之不同（如对消费者信贷合同有效条件的规定）而造成的贸易限制或竞争扭曲（……）（转下页）

此外，这些指令往往包含某些具体的法律概念。[149] 而这些概念并非一直都能很好地与所有欧盟国家的法律体系相契合。例如，直到近来，英国法仍旧对“诚信”这一概念不甚了解。甚至在一些情形下，这个概念被明确加以拒绝。尽管如此，基于将不公平条款指令转化为内国立法的结果，此指令包含的这一概念也随之被引入英国，而这就产生了该概念的适用范围应当为何的问题。它应否就像在欧陆国家法律体系中那样成为一般条款：不仅能够适用于合同法、债法或整个私法的所有领域，而且也像在一些国家那样甚至在私法领域之外也可适用*？或者

（接上页）甚至‘追求之结果’（由于具体法律的不同而废除某些限制或歪曲性的规定）也需准确地加以界定。由此，详尽之规定几乎不可避免地成为《欧盟条约》第 189 条第 3 款规定意义上所追求结果的组成部分。实际上，旨在实现私法趋同的欧盟指令也包含了一些松散结合在一起的规定，这一点从产品责任指令或消费者信贷合同指令中都能看到。由此可以说，指令可能部分接近《欧盟条约》第 189 条第 2 款规定意义上的规则的语言结构。”

[149] 或者，有时有些国家自行决定将指令照搬进其内国法律之中，由此将一些新的概念引入本国法律体系。

* 海塞林克教授在其所著的《论诚信的概念》一文中指出：在荷兰，诚信原则已经在继承法、公司法、破产法、物权法以及国际私法中被采用。甚至有学者认为，诚信原则必须被推定可在整个综合财产法领域适用。德国法甚至走得更远，诚信原则不仅在整个私法领域发挥作用（如家庭法、劳动法、商法、著作权法等），甚至在私法之外，在行政法、税法、程序法领域（不限于民事诉讼法）亦可使用。质言之，它几乎可被适用于除刑法之外的所有法律领域。德国通说认为，鉴于法无明文者不处罚（*nulla poena sine lege*），看上去仅有（实体性）刑法应被排除出诚信原则的适用范围。——译注

其适用领域应仅限于对消费者合同中格式条款内容进行控制？在这一点上，贡特尔·托依布纳（Gunther Teubner）非常适当地谈到了“法律刺激物”（legal irritants）的问题。[150] 这些刺激物对于内国法律体系本身的协调一致具有另一种破坏性的效力。

（四）持续的摩擦

认为欧盟指令的这种干扰效力仅是一种暂时性的妨碍，借助于认真细致的转化即可将它们成功地融入内国法律体系

[150] See Gunther Teubner, ‘Legal Irritants: Good Faith in British Law or How Unifying Law Ends Up in New Divergences’, *MLR* 1998, p.11 ff. [托依布纳将“诚信”概念作为“法律刺激物”的一个典型例子（其他还包括“合理期待”“比例原则”等源自大陆法的概念）。他认为：“这些法律刺激物不可能被内国化，相反，它们将会释放一种渐进性的动力，使得规则的外在意义得以重构，而内在语境将经历根本性的变更”。“虽然看起来规则都是相同的，但事实上在融入新的法律区分网络的过程中，规则已然发生改变。”也就是说，欧盟指令的颁行虽意在实现诸内国法律之间的协调，但指令之中包含的诸多“法律刺激物”在被转化为内国法过程中的“创造性变异”却造就了新的趋异（“源于协调的新的不协调”），毕竟法律规则的转化必然会“遭逢新的法律文化内在习性（idiosyncrasies）的挑战”，必然会面临高度多元化的社会环境所包含的诸多因素（诸如市场、组织、职业、社会保障系统、家庭、文化与宗教等）的抵制。参见《法律刺激：英国法中的诚信条款或统一法律目的如何止于新的趋异》，[德]贡特尔·托依布纳著，马剑银译，高鸿钧校，载高鸿钧、张建伟主编：《清华法治论衡》（第10辑），清华大学出版社2007年版。——译注]

(einordnen）的看法，无疑是一种错觉。这是因为，不仅一直都存在着干扰内国法律秩序的新的指令——诸如正在等待转化为内国立法的迟延支付指令和电子商务指令——而且，那种认为在转化之后这些问题就随之消失的看法也是错误的。欧盟指令对于内国法律体系之均衡产生的这种干扰效力即使在它们被转化为内国法之后仍会继续存在。原因在于，这些新的规则并未伴随指令的转化而成为纯粹内国法律化的东西，相反，它们仍旧与作为欧盟法的指令紧密相连。[151] 以此，它们将继续扮演着干扰性因素的角色，而内国法院所肩负的依欧盟指令解释内国法的义务，将无疑助长这种趋势。[152]“在适用内国法时，无论在采用指令之前还是之后，内国法院被要求尽可能地依照欧盟指令对法律进行解释以使其能够达到指令所追求

[151] 比较 Prechal 前揭文注释 119，第 122 页："作为共同体进行干预的一种工具，欧盟诸成员国负有实施欧盟指令的强制性义务。这种义务主要存在于欧洲共同体与其成员国之间。尽管如此，（……）从指令生效之时，它们就构成了欧盟成员国法律的组成部分，并由此成为内国法律体系的一种法律渊源。"对于行政法的情形，参见 Jans 前揭书注释 117，尤其第 367 页以下。

[152] 有助于实施欧盟指令的其他两种机制分别是"（垂直）直接效力理论"与"国家责任理论"（Francovich 案）。参见 Prechal 前揭文注释 119，第 115 页以下；M.W.Wissink, *Richtlijnconforme interpretative van burgerlijk recht*, Deventer 2001，nos. p. 29 ff.

的结果。”[153] 对于内国法院在终审中是否始终如一地贯彻相同的法律解释方法，由欧洲法院（ECJ）进行监督。尽管欧洲法院希望按照此种方式进行操作，但它却无法同时确保二十八个内国法律体系同时保持内在的协调一致。由此造成的结果是，内国的目标与欧盟的目标之间将存在持续的摩擦；内国法与欧盟法都要考虑各自的系统与规范协调性，从而导致内国法与欧盟法之间将持续存在着一种动态的紧张关系。

（五）对完整性的期望？

由此可见，旨在协调立法的欧盟指令，却在一些方面对内国法律体系的（实质上）规范性和（形式上）概念性的协调统一构成了威胁。首先，当指令将新的规范性解决方法和新的概

[153] 已确定的判例法包括：Case C-106/89 (Marleasing v La Comercial Internacional de Alimentación), Case C-334/92 (Wagner Miret v Fondo de Garantía Salarial) and Case C-91/92 (Faccini Dori v Recreb). 此种义务对于私法之意义，参见 Gerrit Betlem, ‘Een vierde type van rechts vinding; Richtlijnconforme interpretative van de onrechtmatige daad’, *NJB* 1991, p. 1363. Wissink 似乎对欧盟法旨在完成之远景目标与内国法之目标之间的冲突解决持相当乐观的态度。他认为，在对某一指令的“正确解释”存在不确定的情形下，内国法院应当参照其他国外同行们的做法，并采用一种“有利于欧盟”（Europe-friendly）的解释方法，也即在欧盟远景目标与内国目标存在紧张关系之情形下，采用不利于本国法的解释方法。参见 Wissink 前揭书注释 151，第 483 页。

念引入内国法律的某一部分，而该部分与法律的其他部分存在规范上和概念上的内在联系之时，这种新的指令事实上已对内国法律体系的完整性造成了破坏；其次，基于不同的政治根源和制度根源而导致指令彼此之间并不协调一致，而在这种情形下，内国的立法者却仍然肩负将这些指令（连同它们彼此间的不协调）转化并融入本国法律体系的义务；最后，在某些既定的时间点上，即使所有指令相互之间皆能保持一致，即使与被协调之法律相关联的部分法律皆可与协调后的法律保持协调无间，内国法律体系的内在统一仍将处在一种持续的受威胁状态之中。这是因为终极权威——欧洲法院绝对不可能确保二十八个不同的内国法律体系彼此之间相互一致。

在欧洲，我们面对着诸多不同的、相互竞争的应然目标和想法。有必要提到的是，在不同目标的竞争中，欧洲层面上的目标赢得了赞同。大多数欧盟规则不仅具有强制性品格，而且也是高度层次化（层级化）的。不仅欧盟指令如此，而且（更为直接的）具有所谓“直接效力”的《欧盟条约》规定的诸如竞争法和四类基本自由等条款也是如此。[154]可以说，欧盟已

[154] 不应低估四类基本自由条款对于内国私法的影响。关于“在私法领域出现的始料未及的复兴”，参见 Joerges 前揭文注释 62，第 378 页：“虽然欧盟的干涉几乎并未触及民法典或普通法的核心领域，但一体化进程仍旧对内国法律体系的更深层次结构产生了重大影响。欧盟主要的规制性法律，对内国私法的（转下页）

经“宪法化”(constitutionalised) 了这些基本自由与竞争法条款。[155] 由此造成的结果是，一些内在的实质性考量（诸如合同公平）可能必须被放弃以便利于已被宪法化的欧盟所关注的某些（外在的）实质性考量（竞争）。这一点，在著名的 Pronuptia 案中彰显无遗。[156]

我们应当如何协调这些彼此间存在抵牾的不同目标？这就产生了如何处理内国私法法律秩序与欧盟私法之间（在立法、司法、法学教育以及法律学术之间）关系的问题。对于如何理

（接上页）制度嵌入性（institutional embeddedness）提出了挑战，并修正了私法自治、私法调整范围以及私营行业之社会责任等诸多（公认的）观念。” See also Jacobien W. Rutgers, *International Reservation of Title Clauses; A study of Dutch, French and German Private International Law in the Light of European Law*, The Hague 1999, p. 169, with further reference.

[155] 参见 Joerges 前揭文注释 62，第 405 页：“声言欧洲诸基本自由‘战胜’了内国对于‘自然’自由的诸多限制，就是将这些可能相互分离的个别权利视为一种综合性的法律体，就是赋予这种法律体优于内国法的宪法效力与至上权力。” Joerges 前揭文注释 62，第 383 页：“从这种意义上可以说，私法就是宪法。”

[156] Case 161/84 (Pronuptia de Paris GmbH v Pronúptia de Paris Irmgard Schillgallis). 关于此案的论述，参见 Joerges 前揭文注释 62，第 398 页：“由竞争政策驱动的特许经营方法，作为一种有效组织分配方式，如何与旨在依合同法对此类安排的公平性进行评估的私法逻辑相互作用？从一种经济的理性的反托拉斯观点来看，通过合同法的强制性规则对特许经营人利益的任何保护似乎基本上都是不明智的。所有法律秩序必须处理这类实质性的冲突。尽管如此，在欧盟体系内，这些紧张情形具有一种额外的‘宪法性’维度。欧盟竞争法宣称具有优于内国法的‘至上权力’。”

解私法的欧洲化问题，克利斯蒂安·约格斯（Christian Joerges）勾勒了一个大体的框架，[157]将欧盟的分析思路视为一种多层级的治理体系。他指出："饱经诟病的欧洲私法所呈现的拼凑性质反映了一种层级秩序的缺乏；欧洲的法律多元将不可避免地在以前的内国法律体系中促生诸多分解效力。"有鉴于此，他认为："法律学者应当尝试构想一种'欧洲化的法律'（law of Europeanisation）并将其概念化而非从事旨在从欧洲共同法律遗产中汇编或编纂出某种泛欧洲法律体系的设想。"[158]质言之，取代创立某些新的静态的一致性结构或某些僵化的制度性安排，我们应当为欧盟法与二十八个内国私法法律体系间的相互影响问题找寻一种动态的应对之道。

对此，约格斯提出："欧盟范围内当前及以后的私法状态具有的复杂性和或然性看来确定无疑。这种情形决定了法律人不应当从一开始就试图提出或推动某些综合性和系统性的方略以因应一体化之挑战。欧洲一体化促使我们对一般意义上的内国法律体系具有的社会联系（societal links）重新进行评估，同时，对于具体意义上私法的规范性任务进行重新考量。鉴于这是一项异常复杂的任务且未来欧洲演变之结果存在诸多方面的

[157] Christian Joerges, 'Interactive Adjudication in the Europeanisation Process? A Demanding Perspective and a Modest Example', *ERPL* 2000, p. 1.

[158] 亦可参见 Remien 前揭文注释 123，第 627 页以下。

或然性，由此可以说，这种新的现成的体系设计看起来并不合宜。相反，对我而言，将自己局限于对示范性重要类型的分析以及单纯将与其关联的诸多方法论层面上的考量进行归纳，看来似乎更具有建设性意义。”[159] 在这个进程中，我们将不可避免地必须放弃对于（维持）内国法律体系规范内在协调一致的某些期望。[160] 借用一句邓肯·肯尼迪的话来说，“对我们自身诸价值间无法解决之冲突的感悟以及我们理解世界的方式已然定型”[161]。

---

[159] 参见 Joerges 前揭文注释 62，第 396 页。约格斯的研究方法似乎受到了布雷纳德·柯里（Brainerd Currie）提出的冲突法上的著名理论——“政府利益分析理论”的启发。参见 Joerges 前揭文注释 62，第 399 页。[“政府利益分析理论”是 20 世纪英美冲突法研究中出现的一种重要理论。美国法学教授布雷纳德·柯里于 1963 年在其整理出版的《冲突法论文选集》一书中对该理论全面系统地加以论述。该理论强调对法律背后所体现的政策和有关的州或国家在具体案件中是否具有合法或合理的利益进行分析。该理论的主轴是，当在选择各种彼此竞争的法律时，法院应注重这些法律背后之政策及个别案件中之事实。英国学者莫里斯（J. H. C Morris）对此曾批评道：柯里“试图抛开法律选择规范的做法，就像要抛出一个自动飞回的飞镖”；而布斯奈克（Bruee Posnak）则赞誉道：“柯里在国际私法领域的影响，假如不是比任何人，至少比任何评论家，对任何部门的英美法影响都还要大”。——译注]

[160] 如果欧盟决定制定一部综合性的“欧洲合同法典”，那么这些将不再属于次要的问题（欧盟委员会近来通过公布《欧洲合同法通讯》开始了针对这个问题的讨论。参见 http://europa.eu.int/comm/off/green/index_en.htm）。这种做法将不可避免地产生很多与债法的余下部分、具体合同法（尤其是保护性的规章）、《联合国国际货物销售合同公约》、由（行政法调整的）国家参与缔结的合同以及财产法（财产转移）等法律领域的衔接问题。

[161] 参见 Kennedy 前揭文注释 61，第 1712 页。

二、欧洲法院的实用主义风格

诚如上述所言，就欧盟法对成员国私法产生的（直接与间接）影响，欧洲法院进行监督，而监督的主要方式就是通过其作出的初审判决。欧洲法院（之判决）具有实用主义和非教义主义的风格。[162] 例如，对于迟延转化指令的国家采用国家责任方式加以制裁，就彰显了其本身的实用主义风格（Francovich 案）。[163] 尽管如此，在以前，欧洲法院在一般私法（可被理解为旨在处理当事人之间私法纠纷的法律）发展过程中扮演的角色相当有限。[164] 然而，直到近年来，伴随一系列侵入传统“私法核心

[162] 参见 Craig/De Búrca 前揭书注释 117，第 86 页以下。（第 89 页：“它的这种解释方法大体被描述为目的性或目的论性的方法，虽然并非从探寻文本作者的意图或目的的角度上来说。”）很多德国学者对欧洲法院的判决风格持批评态度。尤其是，他们将这些理由视为过于短视，过于绝对。See e.g. Stefan Leible, ‘Die Rolle der Rechtsprechung des Europäischen Gerichts -hofes bei der europäischen Privatrechtsentwicklung’, in Dieter Martiny, Normann Witzleb (eds.), *Auf dem Wege zu einem Europäischen Zivilgesetzbuch*, Berlin, Heidelberg, New York 1999, p. 79: “法庭在其法律适用，特别是在法律续造中，应避免出现任何不容争辩的论调，并应对其所获得的认识从教义学角度作出坚实论证。”亦可参见 Craig/De Búrca 前揭书注释 117，第 86 页。

[163] Case C-6&9/90 (Francovich & Bonifaci v Italy).

[164] See Walter van Gerven, ‘The ECJ Case-law as a Means of Unification of Private Law?’, in: *Towards a European Civil Code*, 2nd ed., Nijmegen and Den Haag/London/Boston 1998, p. 91 ff.; Joerges 前揭文注释 112，前言第 7 页。

部分”（参见以上所述）的欧盟指令的陆续出台，在欧洲私法新一轮的发展进程中，欧洲法院已经取得了中枢性的地位。一件近期发生的案例（无疑）彰显出其所具有的巨大影响力。在审理该案的过程中，欧洲法院采用了一种非常实用主义的、以结果为导向的、功能性的法律方法。

在“海洋出版集团案”(Océano Grupo Editorial) 中，一名消费者（通过分期付款方式）购买了一套百科全书。[165] 当事人双方订立的买卖合同规定，在出现争议的情形下，巴塞罗那地方法院拥有专属管辖权。由此，当多期的分期付款皆未被支付时，销售者起诉到巴塞罗那初审法院（Juzgado de Primera Instancia)。因为巴塞罗那是销售者营业所在地，而这名购买者却居住在西班牙的其他地方，以至于后者并未出庭。依循欧盟不公平条款指令第 3 条之规定精神，法院推定该管辖权条款为不公平的条款，但却不清楚其是否可直接宣告该条款无效还是留待这名购买者自行主张无效。而在这一点上，欧盟指令的措

[165] Case C-240/98 (Océano Grupo Editorial v Murciano Quintero). 关于此案，可参见 E.H. Hondius, ‘Ambtshalve toepassing van algemene voorwaarden: het Europese Hof van Justitie spreekt zich uit’, *WPNR* 6417 (2000), pp. 651-652; N. Frenk, ‘Ambtshalve toetsing van dwingend Europees consumentenrecht: gevolgen van het arrest van het Europese Hof van Justitie van 27 juni 2000 voor het Burgerlijk Wetboek’, *WPNR* 6431 (2001), p. 73 ff.; M.B.M. Loos, ‘Europese toetsing van algemene voorwaarden’, *NTBR* 2001, p.98 ff.

辞又言之不详。指令第1节第6条规定："诸成员国应当规定：在与消费者订立的合同中，销售者或提供者使用的不公平条款，如在其各自内国法中所规定的那样，对消费者不生拘束力；脱离不公平条款而能继续存在之条款继续对当事人具有拘束力。"有鉴于此，这一条款究竟是无效的、可撤销的还是不可执行的？西班牙法院就此提请欧洲法院予以解答。在初审判决中，欧洲法院认为："指令第6条的目的在于要求诸成员国作出不公平条款对消费者不生效力的规定，如果消费者自身负担提出此类条款具有不公平性质的义务，那么上述目的就无法实现。在一些标的数额相当有限的纠纷中，支付的律师费用将可能高于系争数额，而这可能阻遏消费者对不公平条款规定的使用。尽管事实上在一些成员国中，程序性规则可以确保个人在此类程序中维护自身的权益，但却仍然存在一种现实的风险，也即消费者，特别是一些不知晓此法律规定的消费者，将不会以条款存在不公平为由对其提出质疑。由此得出结论：只有内国法院承认其自身有权对此类条款进行评估才可对消费者进行有效的保护。"

由此可以看出，在上述案例中，欧洲法院不仅考察了指令第6条所承载的目的，而且还权衡了如不承认内国法院拥有对此类条款进行自行评估之权力，该目的可否达到的问题。在整个分析过程中，欧洲法院并未谈及关于指令措辞和结构的任何问题：它并未探求合同无效、可撤销以及不可执行三者之间细致的概念区分问题。此外，欧洲法院也并未对与这一规则——作为西班牙法律体系一个组成部分——相关的内国法的其他部分，诸如合同法、消费者保护法以及民事程序法，予以关注。看上去，欧洲法院仅仅关注如何实现指令所承载的目的。基于这种目标，允许法院自行对消费者合同中的管辖权条款进行评估无疑是必要的。而该判决本身也构成了欧洲法院采用工具主义和实用主义法律方法的一个明显例证。

三、比较法：破坏性角色与功能性方法

在新的欧洲私法发展过程中，学者扮演了一种非常重要的角色。首先，我将探讨比较法在其中发挥的可被称为跨学科转变（interdisciplinary turn）的作用（“法律与 ×”运动）。

（一）破坏性角色

在欧洲私法发展运动中，比较法学者扮演着一种核心性的角色。此外，日渐勃兴的欧洲私法使得大多数具有自尊意识的私法学者成为比较法学者。比较法被证明是对抗实证主义和教义主义私法方法的一种有力武器。这里，我所指的是由霍雷西亚·缪尔·瓦特（Horatia Muir Watt）善于措辞地将其称为“比

较法之破坏性功能”的情形。[166] 比较法研究展示出我们内国法律体系的相对性，并解构了（内国法律体系足可提供）解决法律问题之正确答案的神话。诚如缪尔·瓦特所言：“如果他国法律体系的基本预设并不具有普遍性，则其对于本国法律体系便不具有绝对的、无可争议的效力。这是我们关注他国法律体系所应恪守的铁律。”[167] 对于大多数社会经济以及其他条件大体类同的欧洲而言，法律比较的这种破坏性效力尤其有用。“如果其他文明国家采用了一种相反的规则，或许我们就需要重新考量我们自己的规则。”

比较法研究的存在使得内国法律实证主义显得有些偏狭，并对实证法所主张的内在视角以及与其相连的（笃信内国法足可提供所有）正确解决方法的认识提出了挑战。针对每一个法律问题，欧洲难道能够提供二十八个正确的解决方法吗？由此不难看出，在关于欧洲私法发展的论争中，比较法所扮演的核心角色将推动朝向一种远离形式化法律方法的转变。如果仅仅存在诸如《圣经》《学说汇纂》或内国民法典等一套教义或一种

[166] 参见 Muir Watt 前揭文注释 15，第 503 页以下。较早的文献可参见 George P. Fletcher, ‘Comparative Law as a Subversive Discipline’, 46 *AJCL* (1998), p. 695：“对于美国法进行批判性、颠覆性的自我反省，比较法提供了一个独一无二的机遇。”

[167] 参见 Muir Watt 前揭文注释 15，第 523 页。

体系，那么教义主义的法律方法将很容易获得保留。[168] 但一旦人们环顾域外四周之法律后，认定以本国法典为中心的内国法律体系存在唯一全部真理的断言，将很难维持。这尤其适用于法律概念层面上的一些区分。“因此，比较本质上便是通过开启阅读疆界之门，使司法推理脱离某些僵化概念的束缚。”[169]

可以说，比较法促使我们对本国的实证法采用一种外在视角，并将其视为一种可能的解决方法而不再视作绝对的（唯一）真理。[170] 缪尔·瓦特希望比较法也能像美国的法律现实主义运动、批判法学运动以及跨学科诸学术流派一样具有那种破坏性的潜力：“比较法学者对比较方法的赞誉之辞与美国法律体系内部之解构趋势所引导的强力颠覆强势并存。这种解构趋势分为两个阶段：第一阶段是破除狭隘实证主义的幻象；第二阶段则

[168] 学者经常在教义式法律研究方法与宗教之间进行比较。例如可参见 Kantorowicz 前揭书注释 75；Frank 前揭书注释 51；Kennedy 前揭书注释 45；M.W. Hesselink, ‘Wat is recht etc.?; Antwoorden op vragen van Tilburgers over rechtsregels, rechtspraak en rechtsvorming’, *NJB* 2000, p. 2032.

[169] 参见 Muir Watt 前揭文注释 15，第 503 页。亦可参见 Kötz 前揭文注释 146，第 766 页：“对于法律学说的盲目信赖，比较法也能提供一种有效的解决方法。比较法能让学生意识到：通常被视为纯粹自然法的东西，一旦将视角投向域外，将被证明事实上并非如此。比较法也能一直提醒着我们，虽然在任何法律体系中学说与分类都是必不可少的组成部分，但有时它们对于实际运作中法律的功能与效率可能毫无意义，沦为无实际价值的学者们的游戏。”

[170] 关于信任的缺失，参见 Kennedy 前揭书注释 45。

是揭穿其策略。所谓（狭隘实证主义的）幻象，便是单一、自足的法律体制幻象，即假定对每一既定法律问题都有唯一、无可争议的解答。而所谓的策略，则是信奉官方话语中立性，为唯一且排他的观点提供正当性依据。然而，法律间的比较可在很大程度上揭示这双重障碍。其潜在的颠覆力便是：可揭示隐藏于狭隘表象之后的司法系统的丰富内容，进而揭示实证话语的偏颇。”[171]

（二）功能性方法

正如在欧洲所发生的那样，当通过比较而呈现诸多法律体系间的很多不同只是概念和形式结构上的不同而非实质不同时，比较法具有的这种破坏性效力就体现得愈加明显。而作为比较法主要研究工具的功能性方法，[172]则有助于我们明晰这些不同。这种方法旨在确定不同法律体系针对相同法律问题而提出的实质性解决方法。通过采用这种功能性方法，我们可以清楚地发现：借助于截然不同的法律概念，不同的法律体系往往能

[171] 参见 Muir Watt 前揭文注释 15，第 509 页。有趣的是，Muir Watt 注意到过去常常对外出口他们本国法律的国家（诸如法国、英国和美国），较之于其他国家，可能更不情愿承认从比较法研究中获得了经验（从国外进口法律）。Muir Watt 前揭文注释 15，第 517 页。

[172] See e.g. Konrad Zweigert, Hein Kötz, *Introduction to Comparative Law*, 3rd ed., Oxford 1998; Sacco 前揭书注释 11; Compare A.E. Oderkerk, *De preliminaire fase van het rechtsvergelijkend onderzoek*, Nijmegen 1999, p. 83；Klaus Peter Berger, ‘Auf dem Wege zu einem europäischen Gemeinrecht der Methode’, *ZEuP* 2001, p. 22 ff.

够提供实质相同的解决方法。[173] 由此，亦可发现在不同法律体系中存在诸多功能性的等同物。的确，投身欧洲私法研究的学者们倾向于将他们的比较法研究更多地着眼于这些功能性等同物而非概念性与教义性的诸多差别。[174] 而其中最为杰出的代表就是海因·克茨（Hein Kötz）所著的《欧洲合同法》。[175] 此外，比较法的功能性研究方法也成功地为“特伦托共同核心项目”（Trento Common Core Project）采用*。在该项目中，内国呈报

---

[173] Compare Gil Carlos Rodríguez Iglesias, ‘Gedanken zum Entstehen einer Europäischen Rechtsordnung’, *NJW* 1999, p. 8: “对于（欧洲法院的）法官来讲，不同国家法律的对抗是一个非常重要的经历。作为结果——这点我想着重强调一下——大多都表明，各国法律秩序之间的差别并没有如此之大。不同国家的法律在本质上对于提出的问题都会给出同样的答案。在采用不同的教义学方法或者不同的法技术时，结果也同样如此。”

[174] 对于功能主义研究方法的批判，参见 Smits 前揭书注释 68，第 23 页。

[175] Hein Kötz, *European Contract Law, Part I* (translated by Tony Weir), Oxford 1997.

* “特伦托共同核心项目”建立在两位比较法大师既有研究的基础之上：鲁道夫·斯莱辛格（Rudolf Schlesinger）在 20 世纪 60 年代主持的康奈尔法律“共同核心”项目与罗道夫·萨科（Rodolfo Sacco）提出并发展的一种比较法的动态性研究方法：“法律共振峰”理论（该项目的总负责人乌戈·马太教授早年分别先后师从两位教授）。在主持有关“合同缔结之比较”的研究项目中，基于美国反形式主义法律传统，斯莱辛格摒弃了概念比较的传统做法，而秉持一种“活法”（living law）理论，采用“以事例为导向的事实性分析方法”（case-oriented factual approach）对不同法律进行比较：通过要求不同国家的项目参与人（其中一些学者事后成为比较法学领域的一代宗师，诸如 Mauro Cappelletti、Giovanni Pugliese、Gino Gorla、Ulrich Drobnig 等）回答事先拟定的相同问题或事实情形（“选取某些尺度适当的功能性生活片段”），获致各自国家在处理此类问题（转下页）

者被要求基于其本国的法律体系针对实际情形回答一系列问题，以此确定欧洲诸多法律体系之间存在的真正差异以及共同基础之所在。[176] 根据这项由上百名欧洲学者协同参与的国际性项目

（接上页）或事实情形之时所需考量的所有相关因素，然后对这些不同因素进行综合比较并抽取其间包含的共同之处（common focus），最终获得不同法律体系之间所谓的共同“法律核心”（*tertium comparationis*）。而意大利比较法学家罗道夫·萨科在其《比较法总论》（Introduzione al diritto comparato, 1974,1991）一书中提出了一种他命名为“法律共振峰”（Legal formants）的理论。“共振峰”一词是语音学中的一个概念，由瑞典语音学家 Gunnar Fant 在 1960 年提出，指声腔的共振频率。“法律共振峰”则是指影响法律的各种因素。萨科认为人们往往将法律视作一种规则，但事实上，法律不仅由制定法规则、判例、习惯、惯例以及法律学者的评述构成，而且还由法律实务者、法律政策制定者（立法者、法官以及基层管理者）、法律学者等所做出的各种非行为规则构成。同时，同一国家或不同国家的这些因素往往是可变，不协调的且彼此之间相互影响、相互竞争。他认为，传统的比较法一般采用一种静态研究方法，即概述各个法系之间的区别，是“基于分析推理的教义主义方法（……）仅能提供抽象概念”。他的“法律共振峰”理论是一种对比较法的动态研究方法，是“基于对特定法律体系运行中的各种因素的实际观察”。这种理论导源于“二战”后法国的 René David、德国的 Konrad Zweigert、意大利的 Gino Gorla 等比较法学者的既有研究基础之上，是以萨科为代表的意大利（比较）法学派（代表人物为 Rodolfo Sacco、Pier Giuseppe Monateri、Ugo Mattei、Mauro Bussani、Gianmaria Ajani 以及 Michele Graziadei 等）为世界比较法学做出的最为重要与最为持久的贡献，成为当今比较法学者在法律问题跨体系分析过程中所广泛采用的一种解释模式。——译注

[176] 关于此种方法的探讨，参见 Mauro Bussani, Ugo Mattei, ‘The Common Core Approach to European Private Law’, 3 *The Columbia Journal of European Law* (1997/1998), p.339. 相关的评论，可参见 Mauro Bussani, Ugo Mattei (eds.), *Making European Private Law; Essays on the ‘Common Core’ Project*, Trento 2000.

得出的初步研究结果显示[177]：欧洲诸法律体系间存在的实质性差异并没有像通常认为得那样悬殊。[178]同样，这种论断也完全可以适用于被过多强调的普通法系与民法法系之间存在的差别。

由此，基于欧洲私法影响的结果，我们的法律将不再相同。借用罗道夫·萨科的话："比较之后，无一相同。随着对比较法批判性认识的突飞猛进，法律科学将全方位受到影响。"[179]通过紧密相连且彼此相互作用的两种方式（功能性方法与破坏性效力）——皆具有从形式到实质之转变的共同特点——欧洲私法将对内国法律体系产生（重大）影响。尽管如此，这种影响不可能造就对法律形式主义的彻底背离，而将会在法学方法论与法律文化领域促发一场根本性变革。"因此，比较法反对教义主义、反对墨守成规及反对民族中心主义，意即反对任何仅奉行某一国家范畴或理念的构想（不管是哪一国家）。任何仅奉行某一国家范畴或理念的构想都是源自严格法条主义的'官方话语'，其视角难以超

---

[177] 有趣的是，许多杰出的美国学者也参与了"特伦托共同核心项目"，并在方法论层面的讨论中扮演了重要角色。以此，某些法律现实主义的因素通过这个后门融入进来（或者说"再次融入"可能更为适当，毕竟美国法律现实主义最初是受到欧洲人的启示而发生的）。

[178] See Reinhard Zimmermann/Simon Whittaker, *Good Faith in European Contract Law*, Cambridge 2000; James Gordley (ed.), *The Enforceability of Promises in European Contract Law*, Cambridge 2001.

[179] 转引自 Muir Watt 前揭文注释 15，第 526 页。

越纯粹的国土疆界。”[180] 由此，欧洲私法的存在与发展，使得我们不再可能采用完全相同的方式对待我们自身的内国法律。它正在改变我们看待法律的方式，并进而改变我们的法律本身。[181]

四、法律与 X

围绕欧洲私法而进行的学术论争呈现的第二个特征在于：较之于内国学术论争，这场论争明显呈现更少的教义性和实证主义。毫无疑问，这是因为欧洲并不存在共同的一部民法典或其他共同的形式化概念架构以作为采用内在视角和使用教义式一演绎式推理方法的一种框架。同样，在诸多欧洲法律体系中选择并采用其中一种作为新的欧洲私法框架的方案更是不可接受。[182]

---

[180] Muir Watt 前揭文注释 15，第 506 页。

[181] 同样的看法，参见 Smits 前揭书注释 68，第 47 页。

[182] 然而，已有学者做出此种尝试：由意大利学者 Gandolfi 教授领衔的研究小组（Gandolfi-project）主张，以意大利民法典（Codice civile）第四编作为编纂未来欧洲合同法典的蓝本。(See Giuseppe Gandolfi, ‘Pour un code européen des contrats’, *RTD Civ.* 1991, p. 707 ff.; Peter Stein (ed.), *Incontro di studio su: Il futoro codice europeo dei contratti,* Milano 1993; Giuseppe Gandolfi (ed.), *Code Européen des contrats – Avant-projet*, Milano 2001). Monateri 与 Mattei 则将齐默尔曼的观点斥为为实现德国霸权所进行的规划。See P.G. Monateri, ‘Black Gaius; A Quest for the Multicultural Origins of the “Western Legal Tradition”’, 51 *Hastings Law Journal* (2000), pp. 479-555;Ugo Mattei, ‘The Issue of Civil Codification and Legal Scholarship: Biases, Strategies and Developments’, 21 *Hastings Int'l & Comp. L. Rev.* p.883 ff.

由此产生的结果是，不再具有内国性、教义性以及内在视角的“法律科学”与其他（社会）科学之间存在壁垒已然崩塌[183]：在围绕欧洲私法而进行的学术论争中，跨学科的研究方法正日渐勃兴。的确，很多欧洲私法学者拒绝了学科之间人为设定的界限。[184]在这一进程中，涌现了一系列明显受到美国学术著作启发的“法律与×”学科。[185]其中的一些学科（诸如法律经

[183]“由于法学最终分享了所有文化科学的共同信条，人们曾经在法学与其他学科之间竖起的壁垒也随之倒塌。”参见 Kantorowicz 前揭书注释 75，第 33 页。对于人文科学（sciences de l'homme）跨学科研究方法的论述，参见 Fernand Braudel, *Écrits sur l'histoire*, Paris 1969, p. 7.

[184] 对于在欧洲私法研究过程中采用跨学科的研究方法，斯密茨也乐于接受。参见 Smits 前揭书注释 68，第 47 页。亦可参见近期在法国南特召开的名为“法律与市场：欧洲社会法律基础之探寻”的会议（2001 年 5 月 11—12 日）。

[185] See J.H.H. Weiler, *The Constitution of Europe;“ Do the New Clothes Have an Emperor?” and Other Essays on European Integration*, Cambridge 1999, p. 15:“无论是法律与经济、还是法律与文化、法律与社会，这种诉诸‘法律与×’的方法，就一般意义而言，事实上研究的都是特定语境中的法律。”亦可比照《全球法学家》杂志（Global Jurist）（Ugo Mattei 与 Pier Giuseppe Monateri 主编）的办刊“宗旨与目的”:“《全球法学家》旨在为涉及比较法、法律与经济、跨国法、法律与发展以及法律人类学等领域的学术论争提供一种网络交流平台。本刊由来自各大洲的一流比较法学者组成的编委会进行编辑，在关注法律全球化之同时，亦尊重内国文化的多元性。我们意在形成一种真正意义上的国际法律学者共同体，在这个共同体中，我们力图克服语言与文化上的障碍，将法律问题之研讨最终摆脱由法律实证主义（positivism）、偏狭主义（parochialism）、种族优越主义（ethnocentrism）、帝国主义（imperialism）以及沙文主义（chauvinism）所课加的诸多狭隘之限制。”

济学、法律政治学）共同分享了工具主义的私法研究方法：包括私法在内的所有法律皆旨在完成某些社会、政治以及经济目的。

在围绕欧洲私法而进行的学术论争中，法律与文化之间的联系扮演着尤为重要的角色。[186]对法律统一持反对意见的人士认为：法律应被视为一种文化；不同法律体系之间存在的差别不应被视作影响共同市场正常功能发挥的纯粹障碍而应予清除；恰恰相反，他们认为，法律层面上的诸多不同与更深层次的文化差异彼此相关；这种法律多元应被视为一种文化多样性之体现，应当受到尊重。[187]

尽管如此，对法律统一持赞同意见的人士也认同，我们不应仅将目光局限于形式化的法律规则。事实上，法律体系之间真正统一的程度取决于诸多制度因素、社会因素、政治因素以

---

[186] Pierre Legrand, 'European legal systems are not converging', 45 *International and Comparative Law Quarterly* (1996), p.52-81; Pierre Legrand, 'Against a European Civil Code', 60 *MLR* (1997), pp. 44-62; Pierre Legrand, *Fragments on Law-as-Culture*, Deventer 1999; Pierre Legrand, *Que sais-je? Le droit comparé*,Paris 1999; Pierre Legrand, 'On the Unbearable Localness of the Law: Academic Fallacies and Unseasonable Observations', *ERPL* 2002, pp. 61-76; Hugh Collins, 'Formalism and Efficiency: Designing European Commercial Contract Law', *ERPL* 2000, p. 211; J.M. Smits, *Europees Privaatrecht in wording: naar een Ius Commune Europaeum als gemengd rechtsstelsel*, Antwerpen/Groningen 1999; Tony Weir, 'Die Sprachen des europäischen Rechts; Eine skeptische Betrachtung', *ZEuP* 1995, p. 368 ff., Smits 前揭书注释 68。

[187] 尤其参照勒格朗的观点。

及其他因素的共同作用。萨科就曾指出这些法律共振峰与形式化的法律规则同样重要。[188] 同样，（以上所述的）“特伦托共同核心项目”亦采用这种理论作为其方法论的基础。[189]

与此同时，在围绕欧洲私法而进行的论争中，法律经济分析也扮演着日趋重要的角色。[190] 赞同实现欧洲私法统一的人士通

[188] Sacco 前揭书注释 11，第 43 页；Sacco 前揭文注释 11。

[189] 参见 Bussani/Mattei 前揭文注释 176。

[190] 关于这场论争的一些著述包括：Luisa Antoniolli Deflorian, *La struttura istituzionale del nuovo diritto commune europeo: competizione e circolazione dei modelli giuridici*, Trento 1996；Jürgen Basedow, ‘Rechtskultur – zwischen nationalem Mythos und europäischem Ideal’, 4 *ZEuP* 1996, pp.7-28; Collins 前揭文注释 186，第 211 页以下；Michael Faure, ‘Economic aspects ofenvironmental liability: an introduction’,4 *ERPL* (1996), p.85. ff.；Michael Faure, ‘Economic Analysis’, in: Bernard Koch, Helmut Koziol (eds.) *Unification of Tort Law: Strict Liability*, The Hague 2001; Hesselink 前揭文注释 100；Hein Kötz, ‘Vertragliche Aufklärungspflichten; Eine rechtsökonomische Studie’,in: Jürgen Basedow,Klaus J. Hopt, Hein Kötz (eds.), *Festschrift für Ulrich Drobnig zum siebzigsten Geburtstag*, Tübingen 1998, p.563 ff.；Ugo Mattei, ‘A Transaction Costs Approach to the European Code’, *ERPL* 1997, p.537 ff.; Ugo Mattei, *Comparative Law and Economics*,1998；Mattei 前揭文注释 182; Mattei 前揭文注释 142；Anthony Ogus, ‘Competition between National Legal Systems: A Contribution of Economic Analysis to Comparative Law’, 48 *International and Comparative Law Quarterly* (1999),pp.405-418; Anthony Ogus, *‘Comparative Regulatory Techniques and Cultures: First Steps for Lex Commune’, keynote lecture delivered at the Ius Commune Congress*, Priorij Corsendonk, 26 November 1999 (unpublished)；J.M. Smits, ‘Een Europees privaatrecht als gemengd rechtsstelsel’, *NJB* 1998, p.61；Smits 前揭书注释 186。亦可参见（上述提及的）刊载在《全球法学家》上的诸多文章。

常所持的主要论据即为一种经济层面上的论据：在诸多私法体系之间，特别是合同法体系之间，存在的立法多元被认为是影响共同市场正常功能发挥的一个障碍。[191] 然而，“上述”对法律统一持反对意见的人士也援引了“市场”这一概念。他们认为不同法律模式之间的竞争可以提升经济活力和促发创新，并进而推动经济增长（比较法律经济学的观点）。基于这种观点，他们主张，取代通过强制推行（民法典）或建议（鼓励编纂法律重述）的方式实现法律统一，欧盟应当鼓励起草不同种类之示范合同的法律事务所（《欧洲合同法通则》的多数规则为任意性规则）[192] 与颁行法典和法规的内国立法与司法机构之间展开竞争。[193] 此外，还有一些学者提出应当制定何种共同欧洲私法规则的选择应当建立在经济分析的基础之上。[194] 他们认为，我们应当制定最为有效的规则。在欧洲私法经济学领域的一些争议涉

[191] 例如可参见Basedow前揭文注释190。Lando委员会明显赞同这种观点；这也是编纂《欧洲合同法通则》的主要原因之一。参见Lando/Beale前揭书注释146，前言第21页。

[192] Compare Martin Shapiro, ‘The Common Core: Some Outside Comments’, in: Mauro Bussani,Ugo Mattei (eds.), *Making European Private Law; Essays on the Common Core Project*,Trento 2000.

[193] 参见Antoniolli前揭书注释190；Mattei前揭文注释190；Mattei前揭书注释190；Mattei前揭文注释182；Mattei前揭文注释142；Smits前揭文注释190；Smits前揭书注释186；Smits前揭书注释68。

[194] Mattei前揭文注释142；Collins前揭文注释186。

及统一商人合同法或单行法与消费者统一合同法或单行法之间如何取舍的问题以及在不易变通规则与开放标准之间如何选择的问题。显而易见，这种论争既非形式化—教义性的论争也非实证主义式的论争。诚如乌戈·马太（Ugo Mattei）所言："法律经济学是对在法律而非某一特定法律体系中发挥作用之力量加以理解的一项成就。的确，它是一种明显与实证法无涉的研究方法，能够被方便地应用于对某一法律体系的任何地方性变种进行分析。"[195]

最后一点需要提到的是，现在越来越多的欧洲学者开始强调这项法律统一事业所具有的政治维度。[196]详言之，一些学者

---

[195] Ugo Mattei, 'Efficiency in Legal Transplants: An Essay in Comparative Law and Economics', *International Review of Law and Economics*, 14 (1994), p. 3 ff. 亦可参见霍姆斯富有前瞻性的论断："就对于法律的理性研究而言，刻板的法条主义者（black-letter man）可能是对当下现行法律知之甚多者（the man of the present），但未来的法律从业者（the man of the future）则需为统计学家和经济学大师"。（Oliver Wendell Holmes Jr., 'The Path of the Law', in: Sheldon M. Novick (ed.) *The Collected Works of Justice Holmes; Complete Writings and Selected Judicial opinions of Oliver Wendell Holmes, Vol. III*, Chicago and London 1995, p. 391 ff.（originally published in 1897 in 10 *Harvard Law Review*, p.457）.

[196] 尤其参见 Caruso 前揭文注释 11，第 29 页："来自布鲁塞尔的一体化主义者（integrationist）施加的压力正日趋动摇着关于私法中立性的假定。这种压力正迫使着内国立法者就一些曾专属于具有零碎裁判权之民事法院的一些管辖事项进行讨论并作出抉择。它促使内国立法者——在负担政治责任的议会中——重新审慎考虑其本国私法学说蕴含的内在目的。"亦可参见 Hesselink 前揭文注释 100，第 48 页。大体参见 Weiler 前揭书注释 185，第 10 页。Compare André-Jean Arnaud, Pour une pensée juridique européenne, Paris 1991: "政治家孕育了法，而法学家却否定了它。"

声称，新的欧洲私法应当是一种充分社会化的欧洲私法，而不应像许多内国民法典那样建立在19世纪当事人意思自治的传统理念之上。[197] 也有一些学者认为，从一种政治角度来看，较之于编纂一部欧洲民法典，一部欧洲消费者法典可能更为必要、急迫以及可行。[198]

五、软法的成功

近来软法在欧洲取得的成功是体现新的欧洲私法从形式向实质转变的另一个例子。效仿美国法律重述，一些非官方性质的编纂委员会草拟了各种各样的法律通则。[199] 现在，不仅存

[197] Thomas Wilhelmsson, *Social Contract Law and European Integration*, Dartmouth, Aldershot 1995;Thomas Wilhelmsson, ‘Private Law in the EU: Harmonised or Fragmented Europeanisation?’, 10 *ERPL* 2002, pp.77-94; Brigitta Lurger, *Vertragliche Solidarität, Entwicklungschancen für das allgemeine Vertragsrecht in Österreich und in der Europäischen Union*, Baden-Baden 1998;Caruso 前揭文注释 11;Hesselink 前揭文注释 100 。See also Christophe Jamin, ‘Plaidoyer pour le solidarisme contractuel’, in: Gilles Goubeaux et al. (ed.), *Études offertes à Jacques Ghestin; Le contrat au début du XXIe siècle*, Paris 2001.

[198] 参见欧盟委员会一位高级文职官员斯陶登迈耶尔（Staudenmayer）在乌特勒支会议上提交的未发表的论文（1999年12月）。

[199] 对于法律通则与法律重述之间存在联系的探讨，参见 Hesselink 前揭文注释100。

在《欧洲合同法通则》,[200]而且还有《欧洲信托法通则》[201]《欧洲侵权法通则》[202]以及正在制定中的（被冠以“欧洲民法典”项目这个有些误导性的名称之下）《欧洲综合财产法通则》（The principles of European patrimonial law）。这些通则并非形式意义上的法律；它们的成功完全建立在其实质上的质量与权威之上。此类通则的草拟在很大程度上采用了功能性的法律研究方法；借助于此种方法，起草人找到诸多功能性等同物所具有的共同核心。[203]此外，他们尽可能地避免将通则制定得过于概念化。的确，较之于欧洲国家的大多数民法典，《欧洲合同法通则》（PECL）采用了较少的概念，尤其采用了较少的抽象化概

[200] Lando/Beale 前揭书注释 146。

[201] D.J. Hayton, S.C.J.J. Kortmann, H.L.E.Verhagen (eds.), *Principles of European Trust Law*, Den Haag, Deventer 1999.

[202] Jaap Spier (ed.), *The Limits of Expanding Liability; Eight Fundamental Cases in a Comparative Perspective* (in: Jaap Spier, Helmut Koziol (eds.) Principles of European Tort Law Series), Dordrecht 1998;Jaap Spier (ed.), *Unification of Tort Law: Causation* (in: Jaap Spier, Helmut Koziol (eds.) Principles of European Tort Law ,Volume IV), Dordrecht 2000;U. Magnus (ed.), *Unification of Tort Law: Damages*, in: Helmut Koziol, Jaap Spier (eds), Principles of European Tort Law, Volume 5), The Hague, London, Boston 2001.

[203] 基于这种理由，对这种做法所持的批评，参见 Smits 前揭书注释 68，书中各处。较为温和的批评，参见 J.M. Smits, ‘De Principles of European Contract Law en Common Law en Civil Law’, *WPNR* 6436 (2001), p. 235 ff.

念。除此之外，附随这些通则的是一些范围广泛、信息量巨大、包含很多例证的通则评注。最后一点要提到的是，《欧洲合同法通则》本身的样式也是相当得不严谨：有时这些通则仅仅提供了某些可供学术论争的相关材料；它们通常仅仅涉及应予考量的一些因素。[204] 从中不难看出，这种样式与那些笃信内在协调且能提供唯一正确答案的教义学无疑形成了鲜明对比。

软法获得成功的另一个例子来自以明斯特为研究基地的 CENTRAL 项目*。在该项目中，学者们汇编了大约 70 个国际

---

[204] 作为一个例证，可参见《欧洲合同法通则》第 4:107 条第 3 款关于欺诈的规定："在确定诚实信用和公平交易是否要求乙方当事人透露某特定信息时，对各种情况均应考虑，包括：(1) 该方当事人是否拥有专门技术；(2) 由它获取相关信息所需费用；(3) 对方当事人自己是否可以合同获取该信息；以及 (4) 该信息对对方当事人显而易见的重要性。"另一个典型例证是第 5:102 条关于合同解释的规定。

* 所谓的 CENTRAL 项目，是指由德国科隆大学跨国法研究中心（Centre for Transnational Law, CENTRAL）主任 Klaus Peter Berger 教授所倡导的旨在编纂国际商事法律的一项科研工程。该项目秉持一种名为"渐进编纂"（creeping codification）的理念，通过将新商事习惯法所关涉的各种规则与通则（包括法律的一般原理、国际条约、合同标准条款、内国法、贸易的一般条件、商事惯例、习惯、国际仲裁机构判例法、知名学者的理论著作等）编目，并从中提炼出某些共同性的规定或做法的方式，试图将已为国际仲裁领域、国际贸易实务以及相关学术理论领域所接受的新商事习惯法的现实图景以一种更为明晰、开放、系统以及实用的方式加以重现，以满足新商事习惯法作为一种"运行中的法律"的实际需要。关于该项目的详尽介绍，可参见其官方网站：http://www.transnational-law.net/。——译注

商事法律通则。[205] 这份清单首先旨在为必须适用新商事习惯法（*Lex Mercatoria*）的仲裁人员提供便利。显而易见，这一项目的着眼点并非局限于欧洲。同样，由国际商会制定的《国际贸易术语解释通则》（Incoterms）以及其他示范合同，也是如此。到目前为止，这些通则和示范合同是软法性立法设计在国际贸易法领域获得成功的一个典型例证。

六、认真对待博洛尼亚

在 1999 年 6 月的博洛尼亚会议上，欧洲国家的教育部长们发表了一份联合宣言，该宣言旨在创立一个“泛欧高等教育区域以作为提升公民流动能力与就业能力以及欧洲大陆整体发展

[205] See Klaus-Peter Berger, *Formalisierte oder "schleichende" Kodifizierung des transnationalen Wirtschaftsrechts*, Berlin, New York 1996; Klaus-Peter Berger, *The Creeping Codification of the Lex Mercatoria*, The Hague 1997; Center for Transnational Law (ed.), *Transnational Law in Commercial Legal Practice*, Münster 1999; Compare Klaus Peter Berger, 'Transnational Commercial Law in the Age of Globalization', in: *Centro di studi e ricerche di diritto comparato e straniero* (directed by M.J. Bonell), Saggi, conferenze e seminari, no. 42, Rome 2001, pp. 8-9: "'国家'在国际政策和规则制定中主导地位之丧失，以及主权与当事人自治在国际合同法领域重要性之式微，促使我们对已从昨日偏狭之实证主义中解脱出来的传统法律渊源理论进行重新考量。（……）今天，这个图景已然改变，一种非实证主义式的法律观念正在形成。"

的一项关键性步骤"[206]。详言之，诸国的教育部长们同意协调各自本国政策以期在2010年之前达致包括以下内容在内的一系列具体目标："通过克服影响自由行动之有效运作的诸多障碍以提升学生、教师之间最为广泛的相互流动"；"特别在课程设置方面，提升高等教育的必要的欧洲化程度"。

由此可以看出，博洛尼亚宣言的目标在于创立一个泛欧洲的高等教育区域，在这个区域中，学生、教师之间可以实现自由流动。对于大多数其他学科而言，这个目标相对比较容易实现。的确，诸如"西班牙量子力学"或"丹麦皮肤医学"之类的学科是不存在的。然而，基于法律实证主义的影响，对于法律学科而言，这个目标就远非那样容易达成。显而易见，只要大多数欧洲法学院系的课程涉及内国实证法之讲授，那么旨在实现欧洲化的法学教育区域之梦想将几乎不可能实现。质言之，如果我们认真对待博洛尼亚宣言，那么在欧洲我们就不得不朝向一种更不偏向实证主义、更不偏狭的课程设置模式转变。[207]

---

[206] 欧洲教育部长博洛尼亚会议联合宣言（1999年6月19日），参见：http://europa.eu.int/comm/education/socrates/erasmus/bologna.pdf。博洛尼亚宣言是巴黎大学宣言（1998年5月25日）的继续。对于"博洛尼亚进程"，特别是在布拉格举行的后续峰会（2001年5月），参见 www.unige.ch/cre。

[207] 参见我在《荷兰法学家学报》(Nederlands Juristenblad，NJB) 举办的沙龙上的所作的发言（2001年2月16日，海牙）。(See Pauline Hoefer-Van Dongen, 'Meesters en Masters; De NJB-Salon op 16 februari 2001', *NJB* 2001, p. 528.) 同样的观点，参见 F. Bruinsma, 'De ondraaglijke lichtheid van de rechtenstudie', *NJB* 2000, p. 1371；Ton Hol, 'Recht als ervaring; Over academische vorming in de juridische opleiding', *NJB* 2001, p. 158 ff.

一些持反对意见的人士可能认为，一名荷兰学生需要详尽地了解荷兰的实证法，这样以后才能在荷兰法律实务界谋职。乍看上去，这种观点似乎很有说服力。然而，针对这种观点，我可以提供至少两个方面的重要反证。首先，如果这种观点成立，那么只能说它仅可适用于那些确实希望以后在荷兰执业的荷兰学生。然而，对于那些希望在布鲁塞尔、科隆或者巴塞罗那执业的学生而言，这种观点就无法自圆其说。这种崇尚内国法律实证主义的法学教育，对于这些学生以后在欧洲其他地方自由流动以及谋职而言，无疑造成了障碍；而对于欧盟而言，这类问题的存在，也阻碍了共同市场正常功能的有效发挥。

其次，且更为重要的是，针对未来法律实践所实施的法学教育并不必然围绕内国实证法律进行。在这一点上，美国的法学教育提供了一个最好的例证。在美国，在诸如哈佛、耶鲁或伯克利等一些富有国际声誉的法学院中，教师讲授给学生的东西，就其本身而论，并非来自任何地方的法律。[208] 这些法学院

[208] See Melvin A. Eisenberg, ‘The Unification of Law’, in: Mauro Bussani, Ugo Mattei (eds.), *Making European Private Law; Essays on the ‘Common Core’ Project*, Trento 2000, p. 19: “如果你走进几乎任何一所美国的法学院，或阅读几乎任何一本主流的美国法学专著或法律评论，你将会发现在这些情景之下，你听到或读到的多数描述既非关于联邦法的描述亦非当地法（即某个州法）的描述。相反，你听到和读到的将会是脱离具体联邦法或州法的一般意义上的法律和有关法律的描述。” 关于美国法学院的诞生（以哈佛大学法学院为例），参见 Lawrence M. Friedman, *A History of American Law*, 2nd ed., New York 1985, p. 606 ff.

讲授美国合同法好像确实存在一部统一的美国合同法一样，虽然事实并非如此：美国每个州都拥有自己的合同法。尽管如此，这些法学院却并不讲授其自身所处地方的法律，如加州大学伯克利分校法学院并不会讲授加利福尼亚州法那样。[209]不难看出，他们这样做的目的是希望可为学生以后能在整个美国执业做好准备。同时这种方法似乎也是有效的：尽管学生必须支付大笔费用且无法学到他们意欲以后执业之所在的实证性地方法律，但他们仍尽最大努力进入这些法学院就读。虽然我们都能从电视上看到大卫·博伊斯律师*在给佛罗里达最高法院解释佛罗里达宪法的细微之处，但其实他的法律事务所位于纽约，而他曾在（康涅狄格州的纽黑文）耶鲁大学接受法学教育。这种教育方式之所以有效是因为学生在美国法学院所学到的是法律如何具体运作、法律的主要问题为何以及何人是主要

[209] 如意欲成为某个州的执业律师，法学院的学生必须在毕业之后通过该州的律师资格考试。然而，我们将会惊讶地看到，甚至在很多这样的考试中，考察点也并非主要关注于州法。

* 大卫·博伊斯（David Boies），美国当代著名律师，曾经历微软反托拉斯案（United States v. Microsoft）、布什与戈尔总统选举诉讼案（Bush v. Gore）以及Napster与美国唱片业协会之争案（A&M Records, Inc. v. Napster, Inc.）等重大案件。曾荣获2000年美国《时代周刊》“年度人物”（仅次于同年当选的美国总统乔治·W. 布什），2005—2008年四度蝉联“年度最佳商务诉讼律师”，被誉为美国律师学界的“泰戈·伍兹”。——译注

的法律操作者。与此同时，这些学生还学会就具体的问题如何研讨出可能的解决方法以及采用这些方法而造成的各种可能的后果。

有鉴于此，如果我们认真对待博洛尼亚宣言，那么我们将必须使得我们的法学教育朝向一种更不偏向实证主义、更不偏狭的模式转变。那么，我们是否应当认真对待博洛尼亚宣言？我认为答案应当是肯定的。一系列能够培养具备在商事法律实践中获得成功能力的学生的欧洲法学院，基于当前国际贸易日趋加强的原因，存在着愈加国际化的必要（国际相互协作与法律事务所之间的合并）。我预计，对于并非纯粹接受单一法律体系之私法教育的律师，将出现日渐增多的市场需求。当然，并非所有欧洲大学法学院的学生都期望未来能在欧洲各处执业。或许其中的绝大多数学生期望留在本国。尽管如此，在我看来，即使对于这些学生而言，较之于知道当前荷兰的法律具体为何，理解法律如何运作或许更为有用。有鉴于此，我认为，较少实证主义的、更多问题导向型的、围绕问题传授相关社会学、经济学、哲学以及历史学等知识的以及能将不同法律体系中的解决方法进行比较的一种共同的欧洲法学教育，基于博洛尼亚宣言的推动，不仅是不可避免的，而且也是必要的。[210] 我认为，“博洛尼亚进程”能够而且应当能够对欧洲的法学教育产生巨大的促进作用。[211]

在这一点上，有必要提到很多相关的事情已被实施。例如，在荷兰的很多大学中（诸如乌特勒支大学、阿姆斯特丹大学以及马斯特里赫特大学），都开设了欧洲合同法、欧洲侵权法以及欧洲消费者法等课程；其中马斯特里赫特大学甚至还拥有一所欧洲法学院。当然，在佛罗伦萨也有一所欧洲大学学院(EUI)。他让人感兴趣的创举包括巴黎 / 牛津联合培养法律硕士项目（LLM)、汉堡布策里乌斯法学院（Bucerius Law School）以及英国华威大学都开设有建立在比较法和 / 或跨学科法律方法基础之上的课程。最后一点需要提到的是，一些详尽的教学

[210] 同样的观点，参见 J.H.N. Nieuwenhuis, ‘Principles of European Contract Law; Vooraankondiging Preadviezen voor de Vereniging voor Burgerlijk Recht’, *NTBR* 2001, p. 132 ff. 详见 Bruno De Witte, Caroline Forder (eds.), *The common law of Europe and the future of legal education*, Deventer 1992；特别参见其中刊载的 Kötz 的文章：‘A common private law for Europe: perspectives for the reform of European legal education’；Hesselink 前揭书注释 146，第 17 页；阿姆斯特丹大学正在计划在课程改革方面迈出第一步。

[211] 此外，多数国家关于公民入职前高等教育文凭之效力的法律（statutes on *effectus civilis*）应当修改。一种更好的制度应当允许从欧洲任何一所法学院毕业的（硕士）学生在通过国家律师资格考试后能够成为该国的执业律师。

材料也已被编写出来，在一系列新近出版的相关书籍中，有两套杰出的典型：[212] 沃尔特·范·戈温（Walter Van Gerven）主编的《欧洲共同法案例讲义系列丛书》（*Ius commune* Casebooks Series）与已成为经典著作的海因·克茨（主编）的《欧洲合同法》[213]。

---

[212] See Walter van Gerven, Jeremy Lever, Pierre Larouche, Christian von Bar, Geneviève Viney, Cases, Materials and Text on National, Supranational Tort Law; Scope of Protection (Ius Commune Casebooks for the Common Law of Europe), Oxford 1998；Hugh Beale (ed.), Cases, Materials and Text on National, Supranational Contract Law (Ius Commune Casebooks for the Common Law of Europe), Oxford and Portland, Oregon 2002 ; Kötz 前揭书注释 175.[《欧洲共同法案例讲义系列丛书》导源于一项由荷兰马斯特里赫特大学与比利时鲁汶大学联合发起的一项名为“泛欧共同法案例丛书”的科研项目。该项目的宗旨在于“为全欧以及其他地方编制教学材料”“探寻诸国现行法中潜在的共同原则”以及“促使全欧以及其他地方的学生研习相同的案例与材料”。该丛书的总主编为马斯特里赫特大学与鲁汶大学双聘杰出法学教授、欧洲法院前大法官沃尔特·范·戈温。这套丛书的特点在于：每一本判例讲义大体将案例与其他材料（包括内国立法、国际条约、示范性法律通则、法律重述以及恰当的书籍或文章的摘要）依照类似问题或事实情形集中加以编排。然后，通过介绍性或解释性的注释阐明这些材料在整个文本中所处的位置。同时，在每个章节的最后，还有一个比较性的综述将整个章节的材料统合起来，意在凸显在欧洲内国或跨国法律体系层面上已然存在或正在出现的共同性做法。鉴于此套丛书的重大价值，它已被美国、德国、法国、英国、比利时、荷兰、甚至澳大利亚、日本等国的大学作为教学材料使用。——译注]

[213] 另一个有趣的例子，参见 Filippo Ranieri, *Europäisches Obligationenrecht; Lehr- und Textbuch*, Wien, New York 1999.

七、背景

当然，这种朝向更少教义主义与更少实证主义的欧洲法律文化趋向，并不限于由欧洲一体化进程所促发的或与这种进程相关的一些发展。在国家层面以及国际层面上，也存在很多与其相似的发展趋势。

首先，法律程序的非形式化（deformalization）在很多欧洲国家发生或被许多学者所主张。替代性纠纷解决机制（ADR）[214]在诸多国家获得的成功以及一些国家的法院与立法者（英国与荷兰）正在推行的传统程序的非形式化进程，皆为明显的例证。[215]

---

[214] 例如可参见W.A. Jacobs: *ADR en consument: Een rechtsvergelijkende studie naar de mogelijkheden van alternatieve geschillenoplossing*, Deventer 1999。

[215] See J.B.M. Vranken, 'De radicale vernieuwing van het civiele procesrecht in Engeland en Wales', *NJB* 1999, p. 1879 ff.; W.D.H. Asser, *Fair, redelijk en billijk; Over deformalisering in het burgerlijk procesrecht*,2000, with further references., p.12, p.16："我甚至相信，非形式化进程可能没有自身的界限。真正重要的是法律解释、实际运用法律的方式以及对待此方式的某种态度，这些已成为民事法官诸多不可或缺工具的一个组成部分，既不可以放弃，也不能放弃。""过去的经验使得我们相信：对更进一步的非形式化进程无须过分担忧；相反，人们应当怀着坚定的信念继续走完选定的道路。"

另一个重要的发展趋势是私法正在日趋分解成诸多功能性的法律领域。[216] 在很多国家，这些功能性的领域成为最具动态性的法律部门：劳动法、医事法、环境法、信息法、建筑法等。这些法律部门的共同特点在于：采用功能性、实用性与非教义性的调整方法以及糅合公法与私法两类规范。一些怀旧的民法学者可能认为，所有的这些法律部门实际上皆可被归入私法的范畴。但事实上，他们并没有抓住问题的核心所在。这是因为，一方面，这些法律领域兼具公法与私法的双重品格（管制与解除管制的相对量取决于特定时代的政治经济环境）；另一方面，在这些功能性领域中采用的法律方法呈现更为实用性与更少教义性的样态。甚至可以说，这些法律领域已经放弃了私法的“一般部分”。

此外，欧洲法律文化这种从形式到实质的转变可能得益于美国法律文化近来在欧洲获得的成功。欧洲继受了很多诸如信托、特许经营、保理（factoring）以及售后回租（leasing）等美国法律概念，即为一个明显例证。乌戈·马太曾提出风向之所以转移（欧洲从一个法律观念的输出者变成了一个输入者）的确切原因在于：美国非形式化的法律方法能极大地有助于法律

[216] 参见 Joerges 前揭文注释 157，第 5 页。

观念从一种法律传统流向另一种法律传统（法律移植）。“我的主要观点在于，在西方法律智识领导权与特定法律文化所具有的实证主义与区域主义的程度之间存在反比例关系。能够对其他法律体系产生影响的引领型法律观念是那些有助于将法律作为一种社会组织现象加以理解而不是过分偏狭地局限于描述某种特定法律体系特点的法律观念。”[217] 此外，美国法律事务所日渐增强的经济支配力也可作为解释这种现象的另一个原因。[218]

所有的这些发展趋势甚至可被视为一些警示性的信号：如果内国一般私法不相应加以调整，它将会面临被弱化的危险，因为为了给更实用的解决方法提供便利，内国私法将可能被直接遗弃。那时，与特定概念、抽象规则以及特定技术联系在一起的教义性、形式化的法律方法将沦为深处象牙塔以及他们自身建构的概念天国（Begriffshimmel）之中的法学教授们的专有

---

[217] Mattei 前揭文注释 47，第 196 页；亦可参见第 213 页：“从已讨论过的智识领导权的数次变更中，我们能够发现：某种法律文化越是采用一种偏狭的实证主义方法，关注于某些特定文本或当地问题，则越不可能成为世界学术领域中的领军型的法律文化。在当代社会，面临无节制地创制出的法律和法定性文件，多数国家的学者感到必然需要解决与文本解释相关的具体问题。”

[218] 比较 Shapiro 前揭文注释 192，第 129 页以下。

玩具。[219] 即使学者们不做出相应调整，法律实践却早已迫不及待做出回应。在当今世界上，几乎不存在区分为“债法”事务部或“物权法”（Sachenrecht，droit des biens）事务部的法律事务所，更谈不上什么“总则”事务部。当前，更为常见的是区分“收购兼并”事务部与“诉讼”事务部。对于在法律实践领域出现的这些实用性与功能性的发展趋势，法律学术界应当如何因应？[220] 在何种程度上，我们教义性的学术体系仍然还可以称得上法律？（考虑到每天我们的法院审理上千件案子，同时更多的案子在法庭外获得解决）我们的阐述难道不是对更不协调、更缺乏精致之现实的一种高度合理化、理智化之反映吗？[221]

---

[219] 在很多欧洲国家，这种情形在国际私法领域表现得尤为明显（间接反致即为一个明显适例）。

[220] 在化学产业领域也出现了相同的发展趋势。一些化学工业实验室已经遗弃了相当于大学院系那样的分类（诸如有机化学），取而代之的则是诸如“洗衣粉”“冰激凌”等更为实用的分类。对于这种趋向，人们可能认为大学不应加以效仿，因为这可能使大学显得更不那么学术化。但何谓学术化？学术化是否必然意味着“与社会没有直接相关”？是否主题与社会相关度越低，学术化程度就越高？一所大学是否应当珍视“学术化”一词之含义并处处充溢着“学术性的讨论”？这个问题根本无法确定。

[221] 比较 Muir Watt 前揭文注释 15，第 512 页。

八、一些新的形式主义趋势

尽管如此，在欧洲私法领域，也存在着一些更为形式化、教义化的发展趋势。[222]

（一）欧洲民法典

首先，当然，在某种程度上可以说，一些学者主张编纂一部《欧洲民法典》（ECC）的诉求具有相当的形式主义色彩。这是因为赞同编纂这部民法典的想法完全独立于该法典到底具有何种实质性内容，独立于这部法典本身是否可能优于其他可能的替代方案或现行的内国法这一问题。此外，提出有必要编纂一部欧洲民法典的论据也是一种形式化的论据，因为主要由德国学者提出的这种建议[223]纯粹是为应对备受指责的拼凑性欧盟指令的分解效力而诉诸的一种策略。最后一点要提到的是，编

[222] Caruso 强调民族国家对于私法一体化之抵制可能采取形式主义的防御坚守方式。“坚守在法律形式主义的战壕之中，顽强地捍卫着他们本国法典学理上的内在协调性，不愿讨论他们的诸多统一政策所具有的政治意义。（内国法律工作者）力图减缓，甚至有时力图阻遏私法一体化的进程。”参见 Caruso 前揭文注释 11。关于在美国出现的新形式主义之论述，参见下文。

[223] 比较 Joerges 前揭文注释 157，第 4 页。

纂欧洲民法典的努力也可以被视为（以德国为代表的很多欧洲国家）崇尚教义主义的法律学者力图从（制定指令的）欧盟官僚和政治家那里（重新）获得塑造法律之主动权的一种尝试，因为这些法律学者不想将如此重要的事业托付给他们那些人完成。

诚如克茨所言："然而，近来人们开始意识到：欧洲法律的统一是一项如此重要的事业以至于不能将其完全留给立法机关来承担。"[224] 看起来，对于欧洲的公民和政治家而言，支持编纂一部欧洲民法典的这些形式化论据，很可能并不具有很强的说服力。尽管如此，仍然可能存在一些充分的实质性理由。在某种实质意义上，如果编纂一部欧洲民法典能带来"更好"的效果（诸如更为"社会化"或更有"效率"或更加"现代化"），那么，这就可能成为支持编纂这部法典而放弃内国法的一个不错的理由。

（二）新潘德克顿主义

欧洲法律文化呈现新形式主义趋势的另一个例子是新潘德克顿主义。所谓新潘德克顿主义（Neo-Pandectism），是指（以

[224] Kötz 前揭书注释 175，前言第 5 页。

莱茵哈德·齐默尔曼为代表[225]）一些学者主张新的欧洲共同法应当建立在古老的欧洲共同法（*Ius Commune*）基础之上，而这种欧洲共同法本身又是建立在罗马法《学说汇纂》的基础之上。*

[225] 例如可参见 Zimmermann 前揭文注释 46; Reinhard Zimmermann, *The Law of Obligations*, Oxford 1996;Reinhard Zimmermann, 'Roman Law and European Legal Unity', in: A.S. Hartkamp et al. (eds.) *Towards a European Civil Code*, 2nd ed., Nijmegen and Den Haag/London/Boston 1998, p. 21 ff.; Reinhard Zimmermann, *Roman Law, Contemporary Law, European Law; The Civilian Tradition Today*, Oxford 2001.See also Reiner Schulze, 'Gemeineuropäisches Privatrecht und Rechtsgeschichte', in Peter Christian Müller-Graff (ed.), *Gemeinsames Privatrecht in der Europäischen Gemeinschaft*, Baden-Baden 1993.

* 此处，本书作者似乎对齐默尔曼教授的观点做了一种过于简单化的理解。以齐默尔曼为代表的"新历史法学派"意识到当前欧洲私法的发展态势与中世纪的欧洲共同法存在诸多形式上的诸多相似（诸如"新法"的传播与适用取决于解释者与法官的工作，而非立法者的活动），而基于这种相似，通过研究欧洲私法发展的历史，可以促使我们认识到当前欧洲诸多内国法律体系之间存在的共同基础以及既有不同，从而以此建构欧洲比较法学的基础，为重建一种欧洲法律文化开辟道路。质言之，这种学术进路，只是将欧洲诸国共同的法律历史作为开辟未来欧洲私法统一的某种可堪借鉴的参照或依据，并非硬性而僵化地主张"复活"那些中世纪的（学术性）法律。下文对扬·斯密茨教授主张的以混合法律体系作为欧洲私法之建构蓝本观点的批评，作者也似乎犯了同样过于简单化的错误。对于新历史法学派的观点，齐默尔曼教授在其所写的一本知名著作中表露无遗："欧洲的私法正处在重新获得一种跨国法性质的进程中。"（……）"我们正生活在一个后实证主义的时代。内国法典编纂的狭隘性和稳妥性已经渐趋落后，我们正在朝向一种新的'欧洲共同法'方向前进。这种新的欧洲共同法将必然被建立在共同价值、普遍公认的法律方法、共同原则以及指导性方针之上，应当必然由法官、立法者以及法学教授彼此协同、共同创造。然而，诚如萨维尼所言，并不存在与过去完全分离的自主性的人类生活方式，我们不可能自由地塑造我们自身的（转下页）

排除一些（但并非所有的）法律史学家，对于大多数法律学者而言，看上去这种观点与提出将拉丁文作为因特网正式语言的建议所彰显的意图一样明显。显而易见，耶林对于概念法学的绝大多数批判也完全可以被用来（甚至更为适合）批评这种新潘德克顿主义。耶林曾这样说道："笃信罗马法概念不可变更，是一种完全不成熟的表现，是由一种完全未经批判的历史研究所导致的。"[226] 与这种言论相映成趣的是来自法律实务者冯·基尔希曼（Von Kirchmann）对于其所处时代（1847 年）学术著作（如概念法学）的批评。他指责道，"（它们是）把当前的智识强行套入那些由死去的形态所构成的众所周知的类型中去"[227]。同

（接上页）生活方式，包括我们的法律：我们一直且必然'依照完整的过去在稳定持久的共同体之中塑造它'。为了理解我们如何达到现今之所在，我们就应当探索过去，除非我们情愿盲目地为过去所支配。"（……）"当然，过去无法证成自身，它也必然无法包含解决今日之问题的答案。但对于过去的理解，是为设计出最为适当之解决方案的一个首要与基本的必要前提。这一观点不仅适用于既定的内国法律体系，而且也可适用于构建一种欧洲法。（……）欧洲私法需要比较法学与历史法学的共同促成。"参见莱茵哈德·齐默尔曼：《罗马法、当代法与欧洲法：当下的民法传统》，牛津大学出版社 2001 年版，第 108—110 页。——译注

[226] Rudolph von Jhering, *Geist des Römischen Rechts auf den verschiedenen Stufen seiner Entwicklung, Part III*, 3rd ed., Leipzig 1877, p. 305.

[227] 此语出自冯·基尔希曼在 1848 年所做的一场名为"作为科学的法学的无价值性"（Wertlosigkeit der Jurisprudenz als Wissenschaft）的讲演。转引自 Larenz 前揭书注释 17，第 43 页。另一句常被援用的名言亦出自这场讲演，也即"立法者更动三个字，整座图书馆尽成废纸堆"。

样类似的评论，也可在霍姆斯的著作中看到。霍姆斯指出："每个人基于直觉地认识到，当前法律的正当性不能从我们父辈一直都遵守它这一事实中获得。它必须从法律为达到某种社会目的而提供的某些助益中获得，而这种社会目的正是这个团体的统治力量确定其意欲达到的目的。"[228]

针对这种新潘德克顿主义观点，法律史学家与比较法学家分别从不同角度提出了一些强烈的反对意见。法律史学家认为，法律史学不应当被工具化；[229] 比较法学者则大体分为两种：有的拒绝接受西方法律传统的"雅利安模式"（Aryan Model）* 以

---

[228] Oliver Wendell Holmes Jr. (1899)，转引自 Van den Bergh 前揭书注释 82，前言第 4 页；亦可参见 Holmes 前揭文注释 194，第 187 页："对于法律之治（rule of law），今日的诠释与坚守尚不及亨利四世时代之说明与实践，着实让人难以接受。倘若亨利四世时代其之如此的理据久已丧失，而现在的法律之治只不过为对于过去之盲目模仿，则更令人难以接受。"以及"为什么要以只具有历史意义的区别来影响今日商人们的权利与义务呢？"

[229] See Pio Caroni, 'Der Schiffbruch der Geschicht lichkeit; Anmerkungen zum Neo-Pandektismus', *Zeitschrift für Neuere Rechtsgeschichte* (1994), pp. 85-100; J.A. Ankum, 'Stenen voor brood', *AA* 42 (1993), p. 459 ff. 亦可参见 Paolo Grossi 对于齐默尔曼所持之"潘德克顿之当代运用"（*usus hodiernus pandectarum*）的评论："我认为，他的所有这些主张都是令人震惊的。"（转引自 Mattei 前揭文注释 182，第 887 页）

* "雅利安"（Aryan）一词源自梵文，意为"高贵"。史前时期居住在今伊朗和印度北部的一个民族。南亚印欧诸语言就是源自雅利安语。在 19 世纪时，雅利安语一词开始被用作印欧语的同义语。在 19 世纪中期，法国学者戈宾诺伯爵（Comte de Gobineau），在其所著的《论人类种族之不平等》（1853—1855）（转下页）

及其支持者所持的保守主义纲领，[230] 并指责新潘德克顿主义意

（接上页）一书中鼓吹“雅利安优等种族”理论，由此开始出现“雅利安人种”的说法。雅利安主义者宣扬，“雅利安人种”是讲印欧诸语言（北欧和日耳曼诸民族）的人，本身优越于闪米特人、黄种人以及黑种人。这种理论之实质就在于鼓吹一种“白人至上”（white supremacy）的意识形态。而所谓的“雅利安模式”，则是西方史学家对西方文明之起源的一种解释模式。这种模式认为早期操印欧语言的入侵者对希腊文明的形成起着决定性的作用，也就是说，西方文明的形成是由雅利安人自身创造的，不承认非洲文化和闪米特文化对西方文化的影响，完全“杜绝”有色人种对白色种族的“污染”。基于同样的思路，西方法律史学家认定西方法律传统是罗马法内在自身进化的产物。不难看出，这种叙事方法本身充满了政治偏见与歧视，将其他非罗马的法律文化排除在外并人为加以贬低，从而凸显罗马法的独特性与内在创造性。这种“认知论上的种族主义”（epistemological racism）观念充分体现了西方法史学者在文化上的跛扈心态以及内在所笃信的“西方中心主义”的思想倾向。意大利都灵大学法学教授蒙那特里的《黑人盖尤斯：寻求西方法律传统之多元文化渊源》一文突破“西方中心主义”意识形态下罗马法渊源学说，将罗马法的起源与发展放在更为广阔的不同文明相互影响的历史大背景下进行考察，得出了不同于传统法律史学的结论：西方法律传统可能不仅源自一家，西方法律传统有着多元的文化渊源，历史的真实不应被意识形态的偏见所掩盖，也不应在意识形态的偏见下被视而不见。——译注

[230] 参见蒙那特里对于历史中的法律（law-in-history）的运用（Monateri 前揭文注释 182）。蒙那特里提出了解构“罗马法之迷思”的一种有力理论：连续性理论建立在这样一种策略基础之上，这种策略意在保留“罗马法学者作为一类专业人士的存续”。“现在，我们能感觉到这种方法实际上是何等孱弱。之所以孱弱，是因为其特定基础就存在于对连续性的喜好及对变动的排斥之中。可是，这种方法极易于被推翻。由于其基础在于将连续性摆在台前，又将变动和断裂（转下页）

图重新恢复德意志的霸权。[231]而有的则认为内国法律在20世纪的变迁（特别是法定规范层面）并非是具有社会与政治意义的一项重大成就，而只是一些促使欧洲诸国脱离欧洲共同法的历史偶然事件。[232]

（接上页）置于台后，故我们可采用去合法性步骤反转其根基。因此，我们可将进化论模式与事件散布问题上所运用的那种‘考古学的’非连续性的观点做一比较。”（Monateri 前揭文注释 182，第 509 页。）（……）“按照这一观点，罗马法历久不衰的“更新”能力，并非表明罗马法自身具有特殊能力，相反，它是后世学者们，特别是大陆法系法学家们具有的特殊能力，他们吸纳新的规则，新的解决方法并附会于罗马法昔日的权威文本之上。科普特、埃塞俄比亚、中国的文本本来也能够发挥同样的作用。此种向‘罗马的复归’所反映的，并非罗马作品本身的品质，而是一种曾在欧洲流行的正当化（legitimization）策略。”参见 Monateri 前揭文注释 182，第 515 页。

[231] 参见 Mattei 前揭文注释 182，第 884 页：“在 19 世纪德国，萨维尼与蒂堡之间有关法典化的论争本身牵涉到一种强烈的政治利害关系：萨维尼的历史方法表现出一种彻头彻尾的种族中心主义、保守主义、等级优越性以及利己性的倾向。同样的倾向和保守性的政治观点，今日也可在莱茵哈德·齐默尔曼教授以及其一些追随者所持的观点上体现出来。他们借助于一种有偏颇的史料编纂，意在抵制在欧洲事实上已然存在的法律职业领导权（professional-legal leadership）。两者存在的唯一不同在于，萨维尼畏惧法国民法典形成的支配地位，而齐默尔曼教授似乎畏惧美国法律文化霸权以及来自欧洲法律诸文化的不同声音的挑战。”

[232]“在过去一个多世纪中所有欧洲国家所达成的唯一共识是，他们不再需要‘欧洲共同法’作为他们的法律。而且，看上去并非十分冒险地断言：大多数欧洲公民将会认为他们当前的法律优于那些在内国法典编纂之前存在的欧洲共同法。”参见 Hesselink 前揭书注释 146，第 15 页。Caroni 认为，事实上，在非常有限的程度上，“欧洲共同法”才可被称为法律。参见 Caroni 前揭文注释 229。

（三）混合法律体系

一些学者提出以所谓的混合法律体系（如苏格兰法和南非法）作为欧洲共同私法的一个模式是欧洲法律文化呈现新形式主义趋势的第三个例子。他们所持的理由是，因为这些法律体系通过兼采两种法律传统的构成要素而克服了民法传统与普通法传统之间存在的既有差别。[233] 在这一点上，扬·斯密茨（Jan Smits）的观点很具有代表性。他主张："我坚定地认为：混合法律体系所具有的这种融合民法法系与普通法法系的经验将可能对于创建欧洲私法这项冒险事业具有重大的借鉴意义。"[234]

然而，这种观点却引发了巨大的困惑。如果南非法律传统与种族隔离制度密切相关，那么这种法律又能如何充当欧洲法律一体化的模本？举例来说，对于今日的大多数南非人而言，财产指代的某种事物与我们所理解的事物根本不同。对于他们之中的大多数人来说，财产仅仅是指他们没有的东西，而对于其中一小部分人（白人）而言，财产是指他们害怕失去的东西。对于我意欲表达的意思，或许通过阅读柯慈（Coetzee）新近出

---

[233] 尤其参见 Smits 前揭书注释 68。亦可参见 Zimmermann 前揭书注释 225，第 126 页以下以及 Reinhard Zimmermann, Daniel Visser (eds.), *Southern Cross: Civil Law and Common Law in South Africa*, Oxford 1996.

[234] Smits 前揭书注释 68，第 34 页。

版的小说《屈辱》中的一些语句即已足够[235]："不是普通的偷窃。是一帮盗匪涌进来，洗劫一空，提着大袋小袋，盒子箱子，一起搬走。劫掠；战争赔偿；重新分配之战的另一役。此刻，贝多芬和雅纳契克*在谁手上？或者是否被弃置于垃圾堆？"

如果不将这些语境性的事实加以考虑而仅基于南非法律能将两大法系的财产概念加以融合就认定其能够作为欧洲法律一体化的构建模本之人，一定是一个极端的概念论者。[236]混合法律体系这一观念仅仅关注法律规则、概念以及制度，而对于这些规则、概念以及制度本身所处的语境却根本不予考虑。在这

[235] P.176.［《屈辱》(Disgrace）是南非白人作家约翰·麦克斯维尔·柯慈反映南非现实诸小说中的一部。这部作品通过各种细节描写，揭示了新旧交替时代发生在南非各色人种之间的种种问题，对殖民主义在南非对殖民地人民和殖民者本人及其后代所造成的后果表现出深切的忧思和相当的无奈。诚如一位中国台湾地区学者所评价的那样："前殖民者在失去权力之后的屈辱感，与重新取得权力的被殖民者，在先前与之后仍有的屈辱感，交错成为后殖民国度的根本创伤：大家都站不起来。像失去正常的性爱能力，只能以发泄式的强暴/暴力形式作为出口。"这是一本值得一再回味的巨著。凭借此书，作者在2000年第二次获得"布克奖"，并在2003年以包括本书在内的诸部反映南非现实的小说荣获年度诺贝尔文学奖。中译本可见：《屈辱》，孟祥森译，（中国台湾地区）天下文化出版社1973年版。——译注］

* 莱奥什·雅纳契克（Leos Janacek，1854—1928），19世纪末20世纪初捷克作曲家，捷克民族乐派的杰出代表，米兰·昆德拉最为推崇的音乐家。——译注

[236] 顺便提一句，基于后种族隔离时代一部新宪法的出台而导致南非法律正在经历一次剧烈的变革，所以，断言普通法法系与民法法系概念在其中所扮演多么重要之角色尚有待观察。

样的情形之下，诸如南非、苏格兰、魁北克以及路易斯安那等国家或地区又如何为欧洲法律统一提供示范？将混合法律体系观念作为欧洲私法一体化之模本和灵感来源的提议，是过分痴迷两大法系既有的差别（仿佛此为阻碍欧洲私法一体化的真正症结所在）以及过度关注法律外在形式（制度、概念）所共同造就的不幸结果。基于此种固有的缺陷，这种观点终究不可避免地会陷入概念法学的泥淖。

（四）老生常谈的文化视角

一些学者以法律是内国文化应予维持的一个重要构成为由对欧洲私法之统一持反对意见。在某种程度上，这种认识体现了一种非常形式化和概念化的法律文化视角。

持这种观点的学者以皮埃尔·勒格朗（Pierre Legrand）为代表。他对于两大法系之间差别之论述主要集中于这些法律传统的外在形式。勒格朗认为：普通法系仅仅关注于事实，而没有体系、规则、权利、历史等，由此根本不同于民法法系；[237]事实上，此种不同达到了如此程度以至于普通法系法律人与民法法系法律人之间甚至不能相互理解；他们彼此对于法律的理

[237] 参见 Legrand 前揭文（1996）注释 186；Legrand 前揭文（1997）注释 186；Legrand 前揭书（1999-1）注释 186；Legrand 前揭书（1999-2）注释 186；Legrand 前揭文（2002）注释 186。

解（在认知论上）是不可共量的。然而，如他着眼于整个问题的实质层面，得出的结论将可能完全不同。如果普通法系的法律人提供给民法法系法律人一组事实，并询问如在他所处法域中何人将会在与这些事实相关的纠纷中胜诉，[238] 则两者将非常可能在最终结论上达成一致。他们将能理解彼此：信息将会相互传递。勒格朗所信奉的（由勒内·达维以及其他学者所鼓吹的[239]）“法系”（Legal Families）的整体性观念，在很大程度上，就是十分关注于法律的外在形式。例如，勒格朗认为，不应当对欧洲私法进行协调，并非基于以下原因：法国应当保持其难以改变的“不可预见”（imprévision）[240] 规则；对于合同债务关系甚至（原则上）商事合同债务关系的失衡，斯堪的纳维亚国家应当保持进行监督的可能性（实质意义的多元化）；[241]

---

[238] 这就是“特伦托共同核心项目”采用的研究方法。该项目的第一批研究成果显示：采用不同规则的诸多不同欧洲法律体系在最终获致的结果上存在惊人的相似，同时，也显示出根据传统法系划分很少能够发现的一些结果上的不同（参见下注）。

[239] René David, Camille Jauffret-Spinosi, *Les grands systèmes de droit contemporain*, 19th ed. Paris 1984.

[240] Civ., 6 March 1896, D. 1876, 1, 193, note Giboulot.

[241] 在北欧诸国，根据《北欧统一合同法》（Nordic Contract Act）第 36 条的规定，原则上，为了确保合同的实质公平，合同中的任何条款皆可被审查。See Thomas Wilhelmsson, ‘Standard Form Conditions’, in: A.S. Hartkamp et al. (eds.) *Towards a European Civil Code*, 2nd ed., Nijmegen en Den Haag /London/Boston 1998, p. 259; Ruth Nielsen, *Contract Law in Denmark*, Den Haag/London/Boston 1997, no. 128; Christina Hultmark, ‘Obligations, Contracts and Sales’, in: Michael Bogdan (ed.) *Swedish Law in the New Millennium*, Stockholm 2000, p. 278.

在违反协议情形下为保护当事人之期待利益，荷兰应当保持其奇特的责任形式。[242] 恰恰相反，他将法国人、斯堪的纳维亚人、意大利人以及荷兰人视为分享共同（民法）法律传统的人。而他之所以得出这种看法在很大程度上是因为他仅着眼于法律的形式而非实质。一名对工党投赞成票的英国人很可能支持法国或德国的某项规则，而一名保守的西班牙人很可能对爱尔兰的某种规则印象深刻。也就是说，欧洲诸国的公民（至少在某些情形下）可能更为关注一些实质性结果而非由内国文化所决定的不同法律形式。[243]

勒格朗将两大法系之间的差别视为欧洲主要文化上的差别。然而，根据这种观点推演，似乎会得出这样荒谬的结

[242] HR, 18 June 1982, NJ 1983, 723, note Brunner, AA 32 (1983), 758, note Van Schilfgaarde (Plas/Valburg), HR, 23 October 1987, NJ 1988, 1017, note Brunner (VSH/Shell), HR, 14 June 1996, NJ 1997,481, note HJ Snijders (De Ruiterij/Ruiters). 就与其他欧洲国家进行的一种（批判性的）比较，参见 M.W. Hesselink, 'De schadevergoedingsplicht bij afgebroken onderhandelingen in het licht van het Europese privaatrecht', *WPNR* 6248 (pp. 879-883), 6249 (pp. 906-910)。

[243] 从更为一般意义上而言，勒格朗的理论看上去并不能很好地对一个国家的多元文化作出解释（特别是基于迁徙的结果，这些移民可以简单地被认定融入了普通法传统或民法传统了吗？或者更为糟糕的是，他们被先入为主的认定没有能力理解他们的新祖国的法律吗？）相同的看法，参见 Ruth Sefton-Green, 'Compare and contrast: monstre à deux têtes', *Global Jurist Advances*: Vol. 1: No. 3, Article 1 (www. bepress.com/gj/advances/voll/iss3/art1).

论：荷兰文化在很大程度上与意大利文化相同而完全不同于英国文化。[244] 对此，约格斯曾这样评论道："我完全没有看出来，在何种意义上可以说，德国判决与法国判决之间或者德国宪法法院与欧洲法院之间存在的差别，较之于它们与美国判决或法院之间的差别，意义更小。"[245] 在我看来，似乎很明显，欧洲诸国在其他文化方面上的差别较之于勒格朗与斯密茨所称的"重大分野"（在实质意义上）更为重要。例如，基于天主教徒与基督教新教徒之间的差别，几乎可将欧洲区分为"南部欧洲"与"北部欧洲"，而这种划分对于诸国不同"思想方法"（mentalité）之形成似乎更具有决定性的意义。[246] 当前，基

---

[244] 对于意大利人思想方法的讨论，参见 Antonio Gambino, *Inventario italiano; Costumi e mentalità di un Paese materno*, Torino 1998. 他分析了 18 世纪、19 世纪赴意大利旅行的德国人、英国人、法国人对于意大利人的诸多感受。在一点上，歌德、司汤达、狄更斯以及其他信奉基督新教国家的作家们的反应呈现出令人惊异的一致。的确，即使放在今天，他们的反应也可能会如此。

[245] Joerges 前揭文注释 62，第 385 页。对于勒格朗所持理论的深入批评，参见 Basedow 前揭文注释 190；Alan Watson, 'Legal Transplants and European Private Law', in: Hesselink, Hondius, Smits, Stijns eds., *Ius Commune Lectures on European Private Law*, no. 2, Maastricht 2000; Sefton-Green 前揭文注释 243。亦可参见 Zeno-Zencovich 所作的非常细致的探讨（Zeno-Zencovich 前揭文注释 123）。

[246] 同样的看法，参见 Zeno-Zencovich 前揭文注释 123，第 381 页。[公元 1054 年的天主教与东正教分裂，以及后来社会的发展变化与宗教改革，使欧洲自从民族国家兴起后就逐渐形成了天主教国家、基督新教国家以及东正教国家（转下页）

督新教占据优势的北部欧洲对天主教为主的南部欧洲施加文化帝国主义的风险似乎远比大陆法系对普通法系予以渗透的风险更大。[247] 从这种意义上说，勒格朗应当主张捍卫西班牙而非英国。

“特伦托共同核心项目”的初步研究结果显示：在大多数欧洲国家，多数案件是借助于非常相同的方式加以解决的。[248] 此外，在这里颇有意义的是，研究结果也显示：欧洲诸国不同法律体系间的差异远非勒格朗与斯密茨所声称的存在“重大分野”之程度。[249] 他们之所以得出此种断言的原因在于，他们（采用的研究方法）过于抽象化、教义主义、宿命主义以及唯心主义。

（**接上页**）（以俄罗斯、乌克兰、罗马尼亚、保加利亚、希腊为代表的地处东欧和南欧的一些国家）的大体格局。一般而言，狭义上的欧洲可以划分为天主教的南部和基督新教的北部。西班牙、葡萄牙、意大利、法国、比利时以及爱尔兰大体属于南部。基督新教的北部，包括斯堪的纳维亚国家和英国的苏格兰。在南部天主教国家和北部基督新教国家之间则属于混合宗教的国家和地区（包括英国的英格兰、威尔士和北爱尔兰、荷兰以及德国等国家），但即使如此，在这些混合宗教的国家和地区，信奉基督新教的民众仍旧占据多数。——译注]

[247] 制定各种类型法律通则的编纂委员会（参见以上所论）多由信奉基督新教的欧洲人构成。

[248] Zimmermann/Whittaker 前揭书注释 178；Gordley 前揭书注释 178；Sefton-Green 前揭文注释 243。

[249] 亦可参见 Smits 前揭书注释 68，第 31 页：“大陆法系思想方法与普通法系思想方法之间存在不可跨越的鸿沟。”

总而言之，他们过分痴迷于法律的外在形式，而（聚焦于实质结果的）更为现实的一种方法将可能提供一个截然不同的答案。对于以“诚信”概念为代表的致害根源（apples of discord）而言，尤为如此。[250]

[250] 参见 M.W. Hesselink, ‘Good Faith’, in: Hartkamp et al. (eds.), *Towards a European Civil Code*, 2nd ed., Nijmegen and Den Haag/London/Boston 1998, p. 285 ff.；Hesselink 前揭书注释 146。我曾在拙作中得出这样的结论：诚信原则，如果正确地加以理解，不会将民法法系与普通法系区隔开来。

第五章 新的欧洲法律文化

一、欧洲对形式主义的反抗?

尽管如此，总体来看，欧洲反形式主义的趋势，无论从其论据抑或数量而言，都远远强于形式主义趋势。有鉴于此，我们必定能够得出如下结论：在欧洲，我们正在面对私法方法从较为形式化、教义化、实证主义朝向一种更以实质结果为导向的实用主义方法转变。然而，如果将这种趋势视为一种欧洲对形式主义的反抗抑或一场欧洲现实主义法律革命，则可能有些言过其实。欧洲法律一体化并不能带给我们像海曼斯所鼓吹的“现实中的法律”(Recht der werkelijkheid)。尽管如此，不可否认，基于法律日趋欧洲化的结果，私法正在经历一场大规模的转型。

与一个世纪前的情形不同，当前欧洲法律文化（至少就私法法律文化而言）正在经历一场剧烈变革。欧盟指令采用的工具主义、印象主义方法、欧洲法院判决的实用主义风格、比较法的功能主义方法以及所扮演的破坏性角色、法律学者提出的外在的经济、文化以及政治视角、基于实质权威而非形式立法而造就的软法的成功以及因为博洛尼亚宣言之实施而促发的法律教育的解实证化趋势等一系列因素的共同促成之下，较之于内国法律文化，在很大程度上，欧洲法律文化日趋呈现出更少的形式化、教义化以及实证主义的样态。可以说，正是这些彼此不同但却内在相连的发展趋势以及一般私法的欧洲化造就了新的欧洲法律文化。[251]

二、新的欧洲法律文化的诸多表现

较之于欧洲内国法律文化中的传统方法，正在形成中的新的欧洲私法和新的欧洲法律文化明确无疑地呈现出更少形式主义样态。参与欧洲私法进程的人士似乎对抽象规则和法律概念

[251] 如果肯尼迪以及卡拉布雷西的观点正确（参见前文所述），那么冷战的结束也可能是一个原因。

具有的力量持一种更为中性的信念。此外，他们似乎更少地关注于体系问题。他们采用的法律方法整体上呈现更少的教义性和演绎性。私法更多地被视为实现政治、经济、社会、文化以及其他目的的工具。功能性方法获得了普遍的采用。从更为一般性的意义上而言，他们采用的方法是一种实用性的法律方法：更多地关注于法律规则的结果和司法判决。相应地，对于某个既定法律体系（所可提供的）正确答案、所具有的内在一致性（立法就意味着做出选择，法律即为政治）以及本身存在的必要性与合理性表现出更少程度的笃信，而更多地将其视为某种具有或然性（取决于布鲁塞尔的政治家们所做出的决定）与不确定性的东西。（外在）视角往往更具有决定性的意义。此外，仍旧存在更少的实证主义和更多的多元主义趋向：我们承认我们内国实证法具有的相对重要性。我们开始变得更少地关注以法典为代表的文本，而更多地关注其他的法律共振峰、法律制度、法律操作者（立法者、创法之人）以及他们各自的行为方式，概言之，也即更多地关注于实践运行中的法律。最后一点要提到的是，欧洲法已经变得不再特别关注学科之间的传统界限（公法与私法的划分；法律与社会科学之间的分隔等），在很大程度上，它开始呈现一种跨学科式的发展趋势。

“以上列举之观点无一崭新。与任一观点相称之观点在其他地方亦可发现；任一观点皆可从新近正统的法学著作中找到与之相称的观点。这些观点的新变幻与组合也是俯拾即是。许多人都是拾掇已被别人表述而后被放弃、或者被别人临时用过而后被放弃、或者被别人不时把玩消遣而后被放弃的那些观点；他们拾掇起这些观点，并开始将这些观点始终如一地贯彻到底、直到成功：这便是他们的创新，这对他们也很重要。”[252] 尽管新的欧洲法律文化与美国法律现实主义法律运动（以及20世纪早期的欧洲法律现实主义）之间，仍旧存在着一些明显的相似之处，但新的欧洲法律文化的发展根本不像美国法律现实主义那样对法律形式主义如此致命，它本身并非一次划时代的革命。

三、反形式主义的价值

传统欧洲法律文化最突出的问题在于其缺乏透明性。在我们当前内国法律文化（司法判决、学术论争以及法学教育）中，法律推理中的价值判断、司法判决的优点与缺点、它们的可替代性方案以及在可替代性方案中的选择等问题，（至少可以这样说）并非论争的焦点所在。这种论断至少可以用来说明所谓的一般私法领域中的情形。这就是我为何将新的欧洲法律文化的出现——诚如我上文中所阐述的——视为一种积极的发展趋势

[252] Llewellyn 前揭文注释49，第57页。

的主要原因所在。

对此，我们可以比照奥利弗·温德尔·霍姆斯在1897年所做的一段经典论述：

> “我所要指出的危险（……）是指这样的观念，即认为一个既定的体制，譬如我们这样的体制，能像数学那样从行为的普遍公理中推演出来。这种错误是经院派的天性，但并非仅限于他们。我曾听一位著名的法官说，他仅在对判决的正确性确有绝对把握时，才做出此判决。因此，法官中反对意见常受到谴责，好像这意味着一方或另一方没有把数学题做对，若他们更努力一些，本可以一致得出正确的答案。这种思考方式非常自然。培训律师实即训练其逻辑思维。类比、判别和演绎均为律师们驾轻就熟的拿手好戏。司法判决的语言也大多是逻辑的语言。逻辑的方法和形式满足了植根于每个人心中对确定与和谐的追求。但是，确定常常是一种幻觉，而和谐也并非人类命定固有的状态。在逻辑形式的背后，存在着一个对彼此竞争的立法理由之相对价值及重要性的判断；确实，这种判断经常是一种隐含不彰和无意识的判断，但它却构成了整个司法程序的根基和神经之所在。你可以赋予任何结论以逻辑形式，你也总是能够在合同中暗示某一条件。但你为什么要暗示它呢？这是因为你具有对某一共同体的运作或阶级实践的信仰，抑

或因为你对政策所持的观点，或者，简言之，因为你对不能用数量确切衡量的，因而无法找到逻辑结论之事物所持的某种态度。这些事物实际上构成了一个战场，在此战场，不存在着一劳永逸地解决问题的定论；在此战场，做出的判决不过是将特定人群在既定时空的偏好表达出来而已。”[253]

当然，一种更少形式主义的法律文化也有其他优点。一个优点是，新的欧洲法律文化拥有的这些特点本身有助于一种新的共同法律文化的发萌与深入发展；[254] 它们能够帮助我们克服

[253] Oliver Wendell Holmes Jr.,‘The Path of the Law’, in: Sheldon M. Novick (ed.) *The Collected Works of Justice Holmes; Complete Writings and Selected Judicial opinions of Oliver Wendell Holmes, Vol. III*, Chicago and London 1995, pp. 396-397.

[254] 关于一种欧洲共同法律文化之论述，参见 Arnaud 前揭书注释 196，第 44 页以及（书中各处）:“我们其他人，法学家和社会科学领域的研究者，希望合力凝聚成一种具有巨大活力的、不可抗拒的公众良知（……）对我而言，为欧洲的某种法律思想的存在进行辩护，对于为所有觉得自己跟欧洲有关的人建立牢固的共同知识基础，是重要的。” Basedow 前揭文注释 190，第 381 页:“形成欧洲法律文化，以至共同的欧洲法律意识，前景均大有可观。” 此文主张一种统一的欧洲法律方法:“创设达到欧洲共同法程度的（统一的）方法论，对于欧洲私法一体化的成功具有决定性的意义。”（Berger 前揭文注释 172，第 6 页。）亦可参见 Smits 前揭书注释 186，第 271 页以下以及 Zimmermann 前揭书注释 225，第 188 页。顺便提一句，应当说明的是，对于为何这种共同欧洲法律文化应当必然取代内国法律文化（或地区法律文化或其他文化），并不存在任何原因。今天，大多数人同时拥有多种文化认同（或一种破碎化的文化认同）。

纯粹形式上的那些不同（概念、结构等），而彰显出那些绝不必然与内国边界相契合的实质上的不同。[255] 它有助于我们关注（以及我们所期望的维持）那些真正有意义的实质上的不同。

另一个优点是，欧洲法律文化与美国法律文化之间将可能相互聚合，从而在相当大的程度上助益于法律实践层面以及法律学术层面上的彼此沟通。[256] 可以想象，对于参加“特伦托共同核心项目”之年度大会的与会者而言，这种交流将是一次多么令人兴奋的学术经历啊。

当然，反形式主义的主要价值在于它使得实质性论据盛行起来。实质性论据可能呈现多种样态。尽管如此，诚如上文所言，对于私法，欧洲人似乎并未对其进行任何根本性的实质规划。对于我们内国法律体系大体可以达到的实质结果，似乎并不存在普遍性的抱怨。诚如上述所言，在这一点上，我们与 20 世纪初期的法律现实主义者以及多数怀有重大政治规划的批评

[255] 参见 Hesselink 前揭文注释 100 ，第 50 页（提到“比较法律政治学”）。比较 Rodríguez Iglesias 前揭文注释 173，第 8 页：“（欧洲法院的）法官对实质性法律问题的不同意见很少能归因于不同的法律传统。”

[256] “内在协调统一与良好愿景与内国边界没有任何关系。我们将会朝着这样的一个世界前进：每个地方的法学家皆能认识到他们所面临的基本问题是相同的，且他们彼此之间能够通过相同的话语讨论这些问题”。Compare James Gordley, ‘The Common Law in the Twentieth Century: Some Unfinished Business’, *California Law Review* 2000.

家之间存在重大差别。对此，我赞同邓肯·肯尼迪的看法："我认为，意识形态，通过建构法律话语以及策略性解释，影响司法判决。我认为，否认意识形态在司法判决中的存在将导致不同于在透明状态下可能产生的政治结果。"[257] 的确，就私法立法者做出的各种（政治、经济、文化等）选择，我们需要更多的透明度。[258] 尽管如此，我也认为，获取完全的透明程度，就像通常在政治层面所发生的那样，这个中心将会赢得胜利（虽然我承认，在很多欧洲国家"私法的一般部分"，较之于人们按照议会权力平衡所做出的期待，更具有经济意义上的自由价值）。

四、形式主义的价值

当然，我并不是说，形式主义的法律方法一无是处。[259] 例

[257] Kennedy 前揭书注释 45，第 19 页。

[258] 参见 Kennedy 前揭书注释 45，第三章。

[259] 在美国，近来出现了被称之为"新形式主义"的一种发展趋势。这种思潮的领军人物之一是安东尼·斯卡利亚（Antonin Scalia）法官——美国最高法院法官中最保守的其中一位。他认为（Antonin Scalia, A Matter of Interpretation;Federal Courts and the Law, Princeton 1997, p. 22, p.25）："文本即为法律，必须被遵守的就是文本本身。"斯卡利亚是一位直言不讳的形式主义者。他指出，"对于文本主义（textualism）的所有抨击之中，最强烈的一种就是将文本主义斥为'形式主义的'。而这个答案本身就是一个形式主义式的答案！法治就是关于形式之治（转下页）

如，形式主义法律方法承载着效率、平等、民主以及文化等重要价值。[260] 如果（立法者）对蕴含在一组情形中的诸多利益进行权衡，那么较之单一具体情形，这种法律方法可能更有效率。同样，概念也可能有助于有效的交流。[261] 而努力实现法律统一（以及系统化）的一个重要原因或许就是希望同种情形获得同样对待。[262] 出于对民选立法者的尊重，法院可能决定采用一种非常严格和形式化的方法对新近出台的立法进行解释。刑事诉讼法之所以非常形式化（刑事法律的确定性原则），是因为我们不希望任何实质性的考量凌驾于保护公民免受国家之危害的机制。

（接上页）（……）关于恒久不变的形式主义。正是形式主义使得政府成为法治的政府而非人治之政府”。关于该思潮的论评，详见 1999 年《芝加哥大学法律评论》（第 5-6 期）所刊载的名曰“重访形式主义”的专题（第 527 页以下）。亦可参见萨默斯的看法：“我认为，形式是法律最为重要的特征之一，虽然法律不仅仅限于适当的形式。” Robert S. Summers, ‘How Law is Formal and Why it Matters’, in: Robert S. Summers, *The Jurisprudence of Law's Form and Substance*, Hampshire 2000, p. 100.

[260] 详见 Summers 前揭文注释 259 以及《芝加哥大学法律评论》刊载的专题文章。

[261] 但概念本身也可能导致困惑与彼此排斥。

[262] 也就是说，法律操作者希望在视角相同的情形下皆能以相同方式处理所有案件。参见 Hesselink 前揭文注释 250，第 301 页；Hesselink 前揭书注释 146，第 400 页。比较 Posner 前揭书注释 64，第 282 页（对霍维茨提出的批评）：“他同样不接受实用主义承认的、规范意义上而不是规定意义上的规则是一个公正法律制度应当具有的有用特点，这些规则并不仅仅是神秘化和压迫的工具。”

甚至，法律形式的美学价值也可能具有某些（文化层面上的）意义。[263] 菲利普·马洛里（Philippe Malaurie）曾将欧洲的私法统一化比作单调乏味的麦当劳食品，这便令其不那么具有吸引力。[264] 同样，欧盟指令亦经常被斥为一种不甚美观的事物。

---

[263] See Anna di Robilant, 'The Aesthetics of Law' (2001), *Global Jurist Advances*: Vol. 1: No. 2, Article 1 (http://www.be press.com/gj/advances/vol1/ iss2/art1).

[264] "还存在着很多保留：我将提到与我同时代的一位伟大的民法学家菲利普·马洛里。他说：'我不想谈论法的统一。这就好像没有了意大利的、法国的和西班牙的美食，而所有的人都去麦当劳就餐一样。'" Denis Tallon, 'Redazione del Codice europeo e necessità di rifarsi alle più valide esperienze normative', in: Peter Stein (ed.), *Incontro di studio su: Il futoro codice europeo dei contratti*, Milano 1993, p. 148.［根据马克斯·韦伯的观点，主导资本主义发展的内在线索是体现在社会生活各个领域中的所谓"理性化"进程。这种"理性化"的目标就在于"效率"——为了提高效率而使得事物整体划一（所谓的"规则化"）。其实，这种"工具理性"理论也恰好可被用来解释欧洲法律的一体化进程。在布鲁塞尔欧盟官僚与政治家眼中，欧洲经济发展需要更加"理性化"，而欧盟诸国法律的协调或统一（至少在一定限度内）实属必然。法律协调或统一的前提，不论是程度多少的协调或统一，都须建立在弱化甚至消除既有的彰显"法律"多元的个性化法律制度或体系的前提之上。虽然大体类同的历史经历、文化积淀、宗教信仰及经济发展水平，使得这些国家表面看起来似乎具有相当程度的同质性与可整合性，但诚如梅特兰所言，"虽然旧的东西已经死去，但它仍在坟墓中支配着我们的灵魂"，传统，也正是内国的不同传统——这种无法确切说清其具体内涵的"幽灵"——却成为横亘在法律统一事业面前的不可逾越之障碍。在多数欧洲国家，以法典抑或判例为代表的法律文化早已成为内国文化特性（Cultural Identity）的一个不可或缺的组成部分，承载了过多的政治象征意义（转下页）

尽管如此，从另一个方面而言，效率、平等、民主以及文化认同（或文化多元）并非一直都是最为重要的利害攸关的价值；同时，这些价值也并非一直都能通过形式主义而获得最佳实现。此外，困扰欧洲法律形式主义的问题经常是其本身相当的机械化与呆板化。形式主义具有的（实质性）价值几乎很少能与其他实质性价值明确地形成均衡。而这种形式主义的固有套路，正是我们应当摒弃的。此外，需要提到的是，一方面，宣扬我们的法律应是一种内在协调一致的体系，[265] 而推定这种状态事实上确实如此则属于问题的另一方面。[266] 欧洲法律一体化的意识形态并没有任何不当之处（如建立在平等意识形态基础之上），但如果认为这种梦想已成为现实，那么无疑是一种天

（接上页）与民族统一情结，且这种象征意义与情结如此根深蒂固以至于根本不可能在短时间内受迫于外力而改变或消解。由此，这种情势必然造成在欧盟法律统一之规划与内国法律个性之保留之间始终存在一种张力，一场围绕立法话语权争夺而展开的政治力量博弈。在此种大的时代背景之下，一些欧洲法律学者似乎借鉴了美国社会学家乔治·里茨尔（George Ritzer）的"社会的麦当劳化"（McDonaldization of society）理论，针对欧盟的法律协调规划提出了"法律的麦当劳化"观点，并提出诸如此类颇让人深思的疑问：基于工具理性造就的法律协调或法律统一带来的效率价值是否足可抵偿被消减的多元法律文化所承载的多元价值？ 对于"社会麦当劳化理论"的详尽论述，参见［美］乔治·里茨尔：《社会的麦当劳化》，顾建光译，上海译文出版社 1999 年（简体）版。——译注］

[265] 在这个角度上，可参见 Ronald Dworkin, *Law's Empire,* London 1986, p. 96.

[266] 在这个角度上，参见 Dworkin 前揭书注释 265，第 225 页，第 412 页。

真的想法。[267]

总而言之，法律既需要实质内容也需要外在形式。[268]有鉴于此，每一种法律体系都必须在形式与实质之间、在形式论据与实质论据之间实现其自身的平衡。由此，将会产生这样的问题：在形式因素与实质因素之间，欧洲私法如何实现妥恰的混合？[269]在这一点上，面临的核心问题在于体系在当下所具有的重要意义。诚如约格斯所言："对欧洲法律创新持批评态度的人士，对已被破坏的私法的'系统化'性质或各种学说之间呈现的不协调表示叹息；而对此种变动表示赞同的人士，则对这些强制性改变具有的一些卓越的实质性优点，特别是消费者保护领域发生的相当引人注目的进步，表示赞赏。"[270]由此可以断言，在实质与形式之间，在形式论据与实质论据之间如何找到一种令人满意的平衡，将是欧洲私法当前所面对的一个挑战。

---

[267] 比较 Frank 前揭书注释 51，第 420 页："传统法律推定的一个重大缺陷在于：使用这些推定之人混淆了两种观点：（1）'这是真实的'；（2）'这应当是真实的'。但他们并不明白这一点，一直在以下两种观点之间来回打转：'这是当前审判中发生的'与'这是我希望将在审判中发生的'，以至于在现实描述与对将来规划的描述之间游离。"

[268] 同样的看法，参见 Calabresi 前揭文注释 105，第 479 页。

[269] 从"客观真实"的角度来看，这并不意味着就是正确的，但它在（着眼于实用的）可令人信服性和可接受性的层面上能够自圆其说。

[270] 参见 Joerges 前揭文注释 157，第 5 页。

五、绝不会仍保持不变的内国法

改变不仅限于新的共同的欧洲私法。内国私法也将不可避免地受到影响，也即内国法绝不会仍保持不变。

首先，基于比较法研究的结果，内国法将绝对不会仍旧保持原样。而这正是我在上文中所提到的比较法破坏性效力的作用使然。一旦你看到（同样事物的）可替代物，你将感觉本国的法律似乎显得不同。当你看到其他国家的法律结构、法律概念以及法律解决方法之后，你将不可能仍然将自己本国的实证法及其体系视作唯一绝对的解决方法。（在欧洲）针对每一个法律问题难道真的存在二十八个正确的解决方法吗？

其次，我们内国的法律体系及其逻辑性和规范协调性的内在机制将受到来自欧盟法的持续不断的“攻击”。[271] 这种影响将会存在很久。基于不断深入发展的欧洲一体化进程，私法与欧洲法已经不再是彼此分离的法律部门。诚如上述所谈到的那样，那种认为在欧盟最后一项指令被审慎转化后的一段时间里，我们内国法律体系的秩序和平衡将会重新恢复的想法，只不过是一种错觉。新的具有破坏性效力的指令将会不可避免地出台。

---

[271] 在这一方面，像德国、希腊、葡萄牙和荷兰那样拥有非常系统化之法典而又倾向于将所有新的发展融入其中的法律体系，较之于法国那样的法律体系，可能面临更大困难。

鉴于法院肩负尽可能地根据指令措辞与目的解释内国法的义务，已被转化的指令将与欧盟法律保持着紧密的联系。除此之外，内国私法也将受到来自四类基本自由、竞争法以及人权法的不断影响。最后一点要提到的是，看上去，似乎并不存在一种长远规划，也没有人对于这种法律一体化进程负责。[272] 诚如约格斯所言："很简单，我们都在经历并且在经历中意识到：这种所谓的私法的欧洲化并非综合性地发生的；相反，它仅仅在不同层次上有选择性地影响了私法。"[273] 特别是，对于我们体系整体具有终极意义的形式上的权威机构并不存在，而仅由内国机构与欧盟机构共同承担责任。

在这一点上，不妨再次借用约格斯的观点："不仅欧洲内部的立法项目需要动用不同层次上的业务活动；而且欧盟司法机构也同样相当分散。并不存在不同层级与不同分支的政府机构来运作综合性的权力，这就是为何对于欧盟法至上性的明确承认并不能确保规制我们生活的法律体系保持内在协调的原因所在。一言以蔽之，仅仅因为欧盟并没有怀有创建一种单一法

---

[272] 参见 Remien 前揭文注释 123，第 629 页："广泛涉及欧洲私法和经济法的计划，尚不存在。"斯密茨对于欧洲一体化呈现的这种特点提出了批评。他呼吁发展一种内在协调的欧洲私法。根据他的观点，"如果缺乏一种确定法律应往何处发展的清晰可辨的方向，那么这种欧洲私法将不可能形成"。参见 Smits 前揭书注释 68，第 19 页。

[273] Joerges 前揭文注释 157，第 4 页。

律的情结，而导致欧盟层面上的立法抑或司法革新不能自动与其他诸多欧洲法律体系相互契合。"[274] 至少可以这样说，欧盟所属机构似乎并未全身心地致力于构建一种均衡的形式化结构与体系。相反，他们持一种实用主义与工具主义的私法观念。此外，那种认为总有一天通过编纂一部综合性、系统性的法典就能解决所有问题的看法也是错误的。[275] 因为，欧盟法当下所秉持的工具主义方法并不可能达到这种程度。即使未来将会出现一些欧洲法典，那么充其量也只不过是一些更为破碎化的法典：一部消费者法典或者合同法典。此类具体的法典，与当前欧盟指令一样，也会导致相同种类的与其他（内国）私法（如其他"债法"）相互协调的问题。有鉴于此，对于欧盟法对内国私法的不断影响，我们必须找到某种因应之道。而部分的因应之道就是必然采用一种更少"形式主义—教义主义"以及更多"功能主义—实用主义"的内国法律方法。

---

[274] Joerges 前揭文注释 157，第 4 页。

[275] 比较 Joerges 前揭文注释 157，第 16 页："我们不应对综合性立法的解决方法寄予希望。这不仅仅是因为我们已经知道太多在内国法律体系内法典编纂失败的例子，而且，更为重要的是，因为我们无法确定一个拥有自裁管辖权（Kompetenz-Kompetenz）的立法者可在欧洲治理框架中将多元法律体系予以统合。"（"自裁管辖权"也被称作"创制管辖权的管辖权"，意思是"国家"有权自行扩大或缩小由其管辖的任务范围。欧盟的权限是各成员国让渡给欧盟的，换句话说，欧盟的权限范围必须依据有限个别授权原则，欧盟不能超越这些行动范围，因此，欧盟不具有"创制管辖权的管辖权"。正是考虑到欧盟现有的权能，这位学者认为，在欧盟范围内通过综合性立法来实现私法的统一，不具有现实可能性。——译注）

第六章　欧洲私法及其科学研究方法

一、引言

在评估国家科研进展、竞争国家与欧洲科研基金以及评审法学博士论文的诸多语境下，我们经常会提出这样的问题：法学研究及其方法是否足够科学？显然，这些一般性的问题同样也适用于对欧洲法及其方法的学术研究。就这个主题而言，甚至还存在着更深层次、更为具体的问题。例如，欧洲法研究是否能凭借这一纯粹事实——它的国际化特点或者诸如政治科学和经济分析学这样的社会科学（正如经常表明的那样）在其间发挥更大作用——就比内国的法学研究更加科学？另一个具体的问题是，我们是否需要一种共同的欧洲法律方法？如果需要，那么它应该是什么样的？

这些问题均涉及欧洲法与科学的法律方法之间的关系，而在此章中我所要探讨的就是这种关系。欧洲的法律学者究竟应该做些什么？尽管如此，在深入探讨欧洲法的具体方法论问题之前，我们需要首先明确有关法律方法的一些较为一般性的问题。诚如下文将指出的那样，我必须先更为明确地阐述我做出的方法论上的假设与意识形态上的假设，然后再解决有关欧洲法律方法的具体问题。全章的讨论将主要聚焦于私法。之所以如此，并不是因为同样的问题对欧洲法的其他领域无足轻重，而是因为私法学在传统意义上一直都被视为（或被推定为）最具有科学性的使命担当。

二、如何成为一门科学

（一）外在怀疑主义

在传统上，法律学者尝试着回答有关法律的问题。他们根据一个既定的法律体系（主要是他们本国的法律体系）来回答这些问题。换言之，他们采取了一种内部视角。此外，他们往往推定法律体系包含了每个法律问题的唯一正确答案。由此，传统法学研究可被视为具有实证主义式与教义式的特点。内部视角是法官裁判的视角。如此作为之目的在于成为传送法律的神使。[276]理想状态下的法律科学家非常接近于德沃金笔下的赫拉克勒斯（Hercules）："一名构想出来的拥有超凡才智与耐心，坚持法律即正义的裁判者。"[277]这就解释了在传统上为何将法学研究方法与裁判方法（"发现法律"）等同起来的原因所在。[278]由此导致的后果是，法学研究方法在传统上一直未曾被给予特别的关注。拉伦茨的《法学方法论》——一部被译成多国语言的世界经典名著——整体上聚焦于法律的适用、法律的解释以及法律的深入发展；它强调指出诸如法律史学与法社会学这样可从外部研究法律的学科，乃是与众不同的科学。[279]此等观念可以追溯到汉斯·凯尔森的纯粹法学理论。[280]采用内部视角造就的另一个后果是，学术化的法律研究在传统上与法律实践紧

---

[276] 当然，在约翰·道森（John P. Dawson）所著的《传送法律的神使》（The oracles of the law,1968）一书中，这个术语"oracles"就是指法官。

[277] Ronald Dworkin, *Law's Empire*（Fontana, 1986）239.

[278] cf Jan B.M.V.ranken, *Exploring the Jurist's Frame of Mind*（Kluwer, 2006）, p. 146.

[279] Karl Larenz, *Methodenlehre der Rechtswissenschaft*, 5th ed（Springer Verlag, 1991), p. 5.

[280] 汉斯·凯尔森的《纯粹法学理论》（*Reine Rechtslehre;Einleitung in die Rechtswissenschaftliche Problematik*, 1st ed, [1934], Scientia Verlag, 1994）首先不是一种纯粹有关法律的理论，而是一种有关纯粹法学的理论；这种理论将法律界定为科学研究的一个对象。就法学与法社会学之间差别的具体论述，可参见凯尔森与埃利希之间的论战：Hans Kelsen & Eugen Ehrlich, *Rechtssoziologie und Rechtswissenschaft. Eine Kontroverse*（Nomos, 2003）.

密相连。[281] 尽管如此，不同国家的传统在这一点上存在着相当大的区别：在德国，法学教授一直通过著作对法律的发展产生着重要影响，在法国，立法者依托民法典却掌握了更大的主动权；而在英国，法官则是借助判例法占据了主导地位而不必过多关注法律学者们的意见。[282] 这种情形的存在对于法律学者自身形象与实践一直都具有重要的意涵。诚如稍后我们将看到的那样，如今这也影响到了不同欧洲国家的学者们考察法律学者在私法欧洲化进程中所扮演之角色（甚至他们的工作）的方法。

在许多欧陆国家，法律学者将他们的工作称为“法律科学”（Rechtswissenschaft、scienze giuridiche 和 rechtswetenschap）是一件相当自然的事情。[283] 这与英语国家——既包括美国（使人回忆起朗代尔）[284] 也包括英国——形成了鲜明的对比。在英国，“法律科学”（legal science）这个概念不但经常被物理学家、生

---

[281] See e.g. Peter Stein, *Roman Law in European History*（Cambridge University Press,1999）.

[282] R. C.Van Caeneghem, *Judges, Legislators & Professors; Chapters on European Legal History*（Cambridge University Press,1987）,especially chapter 2.

[283] 在众多例子中，德国的马克斯·普朗克科学促进协会（Max-Planck-Gesellschaft zur forderung der wissenschaften）拥有七个有关“法学”研究领域的机构，而芬兰的卓越中心（欧洲法律和政策基金会）制定了一项研究计划以强调其“科学意义和创新性”。

[284] cf Neil Duxbury, *Patterns of American Jurisprudence*（Clarendoon Press, 1995）.

物学家们嘲笑，而且就连法律学者们自己也对其嗤之以鼻。根据这种观念，科学等同于自然科学（或者至少等同于经验科学）。表面上看，这种观点本身并不十分正常，因为科学（*scientia*）无非意味着知识（Wissenschaft）。由此，除非可以说法律学者们不是在生产知识，否则他们使用“科学”这个术语似乎就是合理的。这就引出了一个核心问题：法学研究的成果算不算作“知识”抑或只是纯粹的意见？对此，人们已从不同角度提出了质疑。

自然科学家带着诸多困惑来审视法学研究。他们经常基于以下原因而对这种研究抱持怀疑态度：法学研究没有生产出可经实证检验的理论；法学研究是规范性的；法学研究通常并非国际性的；纯科学与应用科学之间看上去并无二致。总之，我们很难看到此等研究在何种意义上产生出了客观知识而非纯粹的主观意见。[285]（与任何规范性的主张一样）关于法律问题的主张似乎就像在表达意见，而并非客观地陈述事实。直接效仿自然科学，其他学科（尤其在社会科学中）的学者，对待法学研究的态度也往往大体相同：如果“科学即尺度”这个论断为真，那么法学就当然不能成为一门科学。事实上，形势较之自然科学家与社会科学家所能想象的还要严峻：传统法学研究甚

[285] cf e.g. C. J. J. M. Stolker, “Ja, geléérd zijn jullie wel!; Over de status van de rechtswetenschap” , *Nederlands Juristen Blad* 2003, p. 766.

至并不必然以调查研究作为基础。针对某个法律问题最权威的观点，可能是由根本未从事调查研究的教授所提出。这或许因为法学研究（die Lehre、la doctrine）在很大程度上建立在诸多（本质上为学术化的）权威性论据的基础之上。此外，也可能是因为最好的思想往往来源于某人采用新的视角看待法律问题而非开展任何调查研究。[286] 更糟糕的是，法律学者们往往认为他们自己就是法律的渊源。[287] 这就意味着，法学不仅成为研究的主体，而且也成为研究的客体：他们对自己的法学作品加以分析，以图找到法律问题的答案——这与明希豪森困境（Münchhausen-like situation）颇有几分相似。

无怪乎诸如经济分析法学、法社会学、法心理学以及许多其他“法律与 ×”学科的学者们皆将普遍公认的科学方法应用到法学之中，并进而声称，他们研究法律的方法较之传统的法

[286] 在这里并不一定要与公认的科学，尤其是它们理论上的分支学科（如理论物理学）进行对比。甚至存在这样一种被普遍承认的观点（或老套的说法）认为，物理学家在他们年轻的时候（如阿尔伯特·爱因斯坦），即在他们尚不掌握太多知识之时，做出了他们最为重要的贡献。

[287] 在他们的法学作品《法律学说》（La doctrine，Dalloz 2004）中，雅曼（Jamin）和热斯塔茨（Jestaz）展示了在被拿破仑废除制度上之可能并受到社会科学方法的威胁之后，法国法学家是如何在 19 世纪后半叶重塑自我成为除了民法典与判例法之外的法律的第三种渊源的历史过程。作为第二种法律渊源的判例法（司法判例），亦由他们所创造。

律方法更为科学。在理查德·波斯纳看来：

> “法学研究所缺失的是，精辟且严密的理论、可证伪的而非伪造的有违直觉的假说……精准的检测、准确的用词、实证性研究和规范性研究之间的明确区分、数据的量化、可靠且可控的实验、严格的统计推论、有益的技术副产品、引发显著结果的强烈干预，总而言之，将前述大部分要点归纳起来就是，客观上可检验并可持续接受重新检验的假说。法学中有科学论证的蓝图或影响，但是没有科学论证的体系。” [288]

这一切在经济分析法学中就好得多：“在我看来，法经济学运动最有趣的一面就是其寄希望于采用融贯的理论、从理论中推导出的准确假说以及有关假说的实证检验将法学研究建立在一个科学的基础之上。”[289]基于相同思路，库特（Cooter）和尤伦（Ulen）做出了这样的总结：“概括地讲，我们可以说，经济学提供了一种预测人们如何应对法律变化的行为理论。这种理论

---

[288] Richard A. Posner, *The problems of Jurisprudence*（Harvarjd University Press,1993）p. 69.

[289] Richard A. Posner, ‘Foreword’, in: Michael Faure and Roger Van den Bergh（eds.）, *Essays in Law and Economics*（Maklu, 1989）, at 5.

超越了直觉，就像科学超越常识那样。”[290]同样，比较法学家茨威格特（Zweigert）与克茨（Kötz）也评论道：“事实上，可以这样说，纯粹地采纳法律人过去使用的传统方法解释实在法规则根本不配被称为一门科学，无论认知科学抑或社会科学。也许，法学研究就如同法哲学、法律史学、法社会学和比较法学那般，只有当其超越任何国家体系的具体规则之时才能够成为真正的科学。”[291]

长期以来，法律学者们也一直秉持着类似的观点。在20世纪最初的几十年里，欧洲和美国的法律现实主义者皆对这样的观念大肆抨击：即笃信对法律采取一种内部视角，将其视为一个包含权利与义务的有约束力的体系并试图从该体系中推导出法律问题的答案，是有意义的。[292]相反，在他们看来，法学研

---

[290] Robert Cooter & Thomas Ulen, *Law & Economics*（Addison-Wesley, 3rd edn, 2000），p. 3.

[291] Konrad Zweigert en Hein Kötz, *Introduction to Comparative Law*（Oxford University Press, 3rd edn, 1998），p. 4.

[292] 奥利弗·温德尔·霍姆斯曾经有句名言：“法律就是对法庭实际上将会做什么的预测。” See Oliver Wendell Holmes, ‘The Path of the Law’ ,10 *Harvard Law Review*（1897），p. 457. 卡尔·卢埃林的这句话也很著名：“在我看来，法官所要处理的争议就是法律本身。” See Karl N. Llewellyn, *The Bramble Bush; On Our Law and its Study*（New York, 1951）. 杰罗姆·弗兰克至今仍因这样的一段评论而为人熟知：法律取决于法官早餐吃了什么。尤其是对于法律学者们的著作，赫尔曼·坎托罗维奇指出了这么一个事实，即一个既定的法律体系，正如（转下页）

究可以通过专注于什么能够在经验上被确定这一问题而让自己变得更加科学。显然，他们皆深受自然科学的成功经验及其实证主义方法的影响。在20世纪80年代，批判法学运动将此种批判提升到了政治高度，从而使得批判更为激进。他们认为，法律是左右两派之间政治斗争的结果，由此在本质上就是不确定的；基于此点，我们不可能从其中得到任何前后一致的答案。[293]

（二）追寻一种科学方法

这种对法律学者的科学性主张所抱持的怀疑，引出了这样一个问题：成为一门科学的条件是什么？对此，卡尔·波普进行了一次勇敢的尝试，试图阐明科学方法的概念。在《科学发现的逻辑》一书中，他对经验科学（empirical science）的方法进行了逻辑分析。[294]依照波普的观点，划分科学与非科学在逻辑上是可能的（事实上也是有益的）。他认为，理论的可

（**接上页**）其在许多现有的教科书中所呈现的那样，可能会因教科书作者个性的差异而有所不同。See Gnaeus Flavius（Hermann Kantorowicz），'Der Kampf um die Rechtswissenschaft'，Heidelberg, 1996（reprinted in:Thomas Würtenberger（ed.），*Rechtswissenschaft und Soziologie; Ausgewählte Schriften zur Wissenschaftslehre von Hermann Kantorowicz*（Karlsruhe 1962），at 13, pp. 27-28.

[293] See eg Duncan Kennedy, 'Form and Substance in Private Law Adjudication'，89 *Harvard Law Review*（1976），p. 1685.

[294] Karl Popper, *The Logic of Scientific Discovery*（Routledge Classics, 2002）.

证伪性可将科学与非科学区分开来。一种科学的理论是可以被加以检验的。用以证实理论的数据或实验无法证明该理论的正确性。然而，难以证明一种理论是虚假的尝试却可以让该理论（暂时）更站得住脚。不能通过此等方式加以检验的陈述或主张就是非科学的。越是普遍的理论所要防止的情况就越多；所要防止的情况越多，就越容易被证伪。[295] 严格说来，波普的方案既没有设计出一种可在严格科学中适用的描述性方法，同时这个方案本身亦不是规范性的。更准确地说，这个方案只是从形式逻辑的角度对科学知识的概念加以分析（由此称之为科学发现的逻辑）。他说道:“我仍然认为知识逻辑的首要任务是提出一个经验科学的概念，这是为了使现在有点不明确的语言学用法尽可能地明确，也是为了在科学与形而上学观念之间划出一条清楚的界线——即使这些形而上学观念可能在科学的历史中，曾经促进过科学的发展。”[296] 换言之，波普既没有告诉我们如何做科学研究，同时也没有对他所谓的“形而上学观念”（metaphysical claims）作出一种价值判断。事实上，他承认自己本身也认同许多此类的观念，而且表示若缺少这些观念科学研究就无法进行。尽管如此，这些观念已然超出了科学的范围。

[295] Popper, Scientific Discovery, 48.

[296] Popper, Scientific Discovery,16.

如此说来，他对诸如精神分析之类学科的评价就绝非浮夸之言了。[297]

显然，传统上理解的法学研究并不处于波普所谓的科学范畴之内，仅仅因为它无法生产出可被实证检验的假说。就此而言，法学研究与历史学、哲学和数学大体相同。此外，尽管自然法是一个普遍性的命题，但是法律学者们所研究的法律却只能在一个特定的领域中适用。[298]结果是，科学方法要求以自然现象的不变性为先决条件，[299]而法律方法则要求以其客体的变动性（实际上甚至可能因学术作品而变动）为前提条件。最后，证伪的方法一定不是法律学者们使用的常规方法，他们经常被动辩解（而非主动主张）自己的理论在规范意义上是某一法律问题的正确答案。就此而言，倘若波普提出的证伪方法因其可划定科学与非科学之间的界限而被采纳，那么传统的法学研究

[297] 一位特立独行的维也纳思想家也对那时盛行精神分析的风气大为光火。See Elias Canetti, *Das Augenspiel; Lebensgeschichte 1931-1937*（Fischer, 13th edn,2001）.

[298] “这是我们对自然法进行界定的一个部分，如果我们假设自然法不会随着速度和时间的变化而变化；如果我们假设自然法没有例外的情形”。当然，我所接受的自然法与法律学者们研究的法律并不一样，因为自然法不是研究的客体而是科学的产物。See Popper, Scientific Discovery, 251.

[299] Popper, Scientific Discovery, 250.

就一定会被淘汰出局。这是一种着实令人气馁的前景。[300]尽管如此，若经过更进一步考察，我们就会发现，波普所划定的科学与非科学之间的逻辑界限只不过是在告诉我们只有经验科学可以通过实证检验而产生知识。换言之，波普理论的重大价值就在于它提出了一种经验知识的新的检验方法（证伪方法而非证实方法），但是该理论主张通过此等检验方法将科学和非科学区分开来就可能沦为一种套套逻辑（tautological）：[301]如果科学被界定为经验科学，那么非经验知识当然就不属于科学。[302]

（三）科学家们做什么

保罗·费耶阿本德（Paul Feyerabend）曾是波普的学生，后来成为其最猛烈的批判者之一。他指出这样的事实：实际上，

---

[300] 这不仅对于法学研究来说是如此。像波普所界定的那样，即认为只有实证科学才是科学的，在大学中所研习的大部分学科都不是科学的。根据如此狭隘的界定，科学（*universitas scientiae*）将不包括长期以来被认为隶属于大学（*universitas studiorum*）的大多数院系。事实上，这些院系的历史远比实证科学长得多。

[301] 此等主张与影响它的达尔文进化论一样是一种套套逻辑。生存竞争与适者生存：谁能生存？唯有适应环境之人！谁是适应环境之人？是那些生存下来的人。

[302] 波普并未明确提出这个观点。他只是把科学界定为经验科学，把其余的学科称为形而上学。然而，谁喜欢他的学科被称为形而上学而不是科学呢？（与达尔文的理论相似：谁喜欢被称为“不能适应环境之人”呢？）

科学进步通常是在不使用现有常规方法的情况下取得的。在他看来，当人们对实际构成自然科学的事件、过程和结果进行考察时，就会得出它们彼此之间并没有共同的框架这一结论。[303]他警告说，波普在方法论上的僵硬立场，可能会对科学的发展造成阻碍。由此，费耶阿本德坚决反对有关科学方法的观点。在他的著作《反对方法》中，有这么一段名言："有些人注视历史提供的丰富材料，不想为了满足低级的本能，为了追求表现为清晰性、精确性、'客观性'和'真理'等的理智安全感，而使之变得贫乏。这些人将清楚地看到，只有一条原理，它在一切境况下和人类发展一切阶段上都可加以维护。这条原理就是：怎么都行。"[304]

在过去的几十年里，总体而言，哲学家们，尤其是后现代主义者与新实用主义者（neopragmatist），已经对于这样一种可能性产生了严重怀疑：在事实与意见、正确与错误、科学与非科学之间划定有意义的（不同于社会学上的）认知界限，以此来找到一种获得事实真理之方法。例如，理查德·罗蒂（Richard Rorty）提出一种"反再现主义"（anti-representationalist），解释了自然科学与其他文化之间的关系。他认为"不能将知识视为意在使

[303] Paul Feyerabend, *Against Method*（Verso, 1993）, p. 1.

[304] Paul Feyerabend, Against Method, pp. 18-19.

现实变得正确，而是意在通过获取行为习惯来应对现实”[305]。换言之，“意在解释像理论物理学与文学评论这样的学科范式之间在社会学上而非认识论上的差别究竟在哪里”[306]。事实上，在21世纪之初，除了盎格鲁—撒克逊世界中一小撮顽固的分析哲学家之外，似乎很少有思想家会相信我们有可能找到一种“科学方法”来获取“科学知识”，并把“科学”与“非科学”区分开来。

由此，许多科学研究已经逐渐放弃了从逻辑上划分科学与非科学或提出一种关于科学研究之正确方法的规范性理论的努力。取而代之的是，他们日趋对科学家在现实中实际做了些什么产生兴趣。根据这种观点，科学与科学方法皆不属于绝对真理的自然范畴，它们只是与某一历史相关联的偶然的、人为产生的概念。在历史研究著作《科学革命》中，史蒂文·夏平（Steven Shapin）展示了科学与科学方法的观念在17世纪是如

[305] Richard Rorty, *Objectivity, relativism, and truth; Philosophical papers*, Vol. Ⅰ（Cambridge University Press, 1991）, p. 1. 罗蒂对于科学哲学的反对建立在其所持的更为宽泛的主张——认识论是无用的——基础之上的。在《哲学与自然之镜》（Basil Blackwell, 1980）一书中，他主张我们应该停止追问自己怎样才能判定我们对于自然的再现是正确的（我们应该停止投射）。因为我们唯一能够做的事就是“再现”（representation），现在让我们专注于这种再现能否对我们内心中的各种目的产生影响。

[306] 同上注。

何产生的。[307] 直到那时，在学术圈（“学派”）中被普遍承认的用于哲学探讨（对于自然、道德与法律）的方法一直都是依循亚里士多德之传统所发展而来的经院式方法。当一种表述可被追溯到一个权威的源头时（最权威的来源是亚里士多德），那么这个表述就是正确的。逐渐产生的崭新变化是，自然哲学家们开始相信他们可以通过做实验来发现真理，同时相信他们能够借助于抽象的数学定律来理解自然。夏平精彩地论证了，人们对实验能够产生普遍真理这一点的接受并非突然发生，而是经历了漫长的渐进过程。起初，对于传统学问的质疑开始大量出现。作为回应，强调见证人人数与社会名望的大量实验报告也随之登场。于是，自然哲学家的兴趣就逐渐从对权威性书作的研究转移到了对自然之书的研究上。[308] 由此引发的结果是，自然科学与日益被视为非科学的其他学科之间的分裂渐趋加剧了。科学的理想就在于逐步做到客观、公平并不受制于政治与个人。事实上，自科学革命以来，非经验性的学科，尤其是哲学，似乎彻头彻尾是“非科学的”。当然，本质上使用经院式方法的法

[307] Steven Shapin, *The Scientific Revolution*(The University of Chicago Press, 1996).

[308] 显然，这与自然法走上越来越受到质疑的道路大体相同。有关此方面的后续发展，可参见 James Gordley, *The Philosophical Origins of Modern Contract Law* (Clarendon Press, 1991).

学研究，亦是如此。[309] 就此，夏平谈道：

> “仍有必要指出，旨在将显然是主观、道德的事物与完全合乎科学的事物区分开来的各种现代分界，已经在我们的文化中产生了意义深刻的后果。其中一个后果就是否认关于价值的科学的存在。关于道德上的善恶的探讨被认为是武断的、有私见的、不能靠理性解决的，然而关于自然界中所存在事物的探讨则是理性的、无私利的、可达到一致同意的。……可以认为，自然科学的成功，尤其是产生一致意见的能力的获得，是以将科学从现在称之为‘哲学’，特别是知识哲学的实践中分离出来为代价的……科学中良好秩序和确定性的产生是以我们文化中其他地方的混乱和不确定为代价的。” [310]

夏平总结道，“有很多人推崇一种修正主义的观点，这种观点认为，正式的方法论应被理解为修辞工具，用于设置种种实践在文化中的位置并说明应该如何评价这些实践”。[311]

---

[309] See e.g. Gerrit De Geest, ‘Hoe maken we van de rechtswetenschap een volwaardige wetenschap?’, *Nederlands Juristen Blad* 2004, p. 58. 格斯特拒绝将法学研究看作是“前科学的”(pre-scientific)，因为与经济分析法学相比它在本质上仍然使用经院式的方法。

[310] Shapin, Scientific Revolution, p. 162.

[311] Shapin, Scientific Revolution, p. 95.

在《科学在行动》一书中，人类学家布鲁诺·拉图尔(Bruno Latour)描述了当前在自然科学中知识是如何被生产的。[312]他提出了一个有违常理的观点，认为科学中的争议比日常生活中的要激烈得多：

“当我们走近有论据和机器的地方，我们就处在争议之中了。我们越接近这些地方，它们存在的争议就越多。当我们从日常生活转到科学活动、从大街转到实验室、从表达政治观点变为给出专家意见的时候，我们不会由喧闹变为安静、由情绪化变为理性、从满腔热血变为冷酷无情。我们从有争议的地方转移到了争议更加激烈的地方。”[313]

对于发表在科学杂志上的诺贝尔获奖文章，拉图尔将其创作过程进行了重构，这一做法颇具启发意义，因为此举打破了自然科学家如今不再依赖（经院式的）权威论据的观念。事实上，他把在科学文章中引用其他作品说成是“把朋友们拉到了一起”(bringing friends in)。“科学被认为与来自权威的论据相对立。少数之所以胜于多数，是因为真理站在他们一边”，他认

[312] Bruno Latour, *Science in Action*（Harvard University Press, 1987）.

[313] Latour, Science in Action, p. 30.

为，但是“‘科学的’这个形容词并不属于某些仅凭某种神秘禀赋便可反驳多数人观点的独立文本”[314]。他解释道，科学发现的命运完全取决于它们如何被其他人所接受。他们如何处理这些发现将决定着科学发现会不会转变成一个事实：

> “你也许写了一篇可彻底解决某个激烈争议的文章，但是如果读者们忽略它，它就不可能转变成一个事实；它就是不能。你可能反对非正义；你可能在内心确信正确的事；但是这种确信永远也不会推广开来，而只会留在你的心目中；如果没有其他人的帮助，你也永远不会坚定你的确信。事实建构就是这样一个群体过程以至于一个孤立的人只能确立梦想、观点和感情，而不是事实。”[315]

上述这些与其他关于科学家实际做什么的论述，显然使我们产生了此等疑问：“运行中的自然科学”是不是确实与经常被假定的法学实践截然不同。不同科学共同体在关系到什么能被认可为科学知识的实践和习惯之上存在诸多差异，而且这些差异似乎是渐进形成的（而且是修辞上的），而不是绝对的。

---

[314] Latour, Science in Action, pp. 31-33.

[315] Latour, Science in Action, pp. 40-41.

三、法学研究是科学的吗?

（一）科学方法的政治学

自然科学家不遗余力地将他们的实践建立在这样一种基础之上，而这一基础无论从逻辑上抑或从实证数据上看似乎皆无法获得证成。首先，波普所划定的科学与非科学之间的逻辑界限，只能告诉我们只有经验科学才能通过实证检验产生知识。由此，当科学与非科学之间的划分确实发挥某种作用时，波普提出的关于科学发现的逻辑对于大多数实践性目的而言并没有意义。特别是，诚如波普承认的那样，它并没有告诉我们任何相关的（社会的、文化的、经济的）价值或者相较于那些无法被实证检验的知识——如哲学知识、语言学知识和法学知识——我们该如何运用这种可被检验的知识。其次，历史研究与社会研究均对自然科学（及其追随者）的实践加以探讨，结果表明，硬科学中的知识生产实践与许多领域的软知识生产并不存在差别。即便存在差别，充其量也只是渐进形成的，而不是绝对的。

当然，真正存在差别之处是研究的议题。如果有人想要知道某个法律问题的正确答案，那么无论何种类型的实证研究都将毫无助益。因此，真正的问题在于我们是否愿意将某些研究对象和某些研究议题视作较之其他的研究对象和研究议题更为科学。这种观点看上去很难自圆其说。我们似乎很难找到一个有说服力的理由来证明为何某个研究议题本身不那么具有科学性。有种观点认为，这些问题不能借助实证研究获得解答，显然，这也是一种套套逻辑。诚如夏平所阐释的那样，自科学革命以来，我们已经把棘手的问题搁置一旁了。即使规范性的观察只是纯粹的意见，它们仍然或多或少是明确的。将一个专门研究某个规范问题之可能答案的人称为科学家难道不是很奇怪吗？同样的道理，将一个尝试回答这些问题但又要考虑问题的答案以某种方式受其认定的法律渊源所约束之人当成科学家难道不也很奇怪吗？法律是复杂的，但这是否会使得法学研究本身缺乏科学性呢？探究这个问题的另一种更为完善、公平的方法可能是考察诸如费耶阿本德、罗蒂、夏平、拉图尔、库恩、福柯和德里达等人的论述，他们的著述对于消除科学概念的神秘感贡献甚巨。如果科学与我们文化中的许多其他或多或少受人尊敬的学科（包括政治学）没什么两样，那么“科学”这个称号就不那么值得称道了。另一方面，考虑到科学与非科学划界的利害关系仍然关系重大这一事实，采取这样一种态度似乎有点天真。尽管如此，直接探讨这些利害关系，或许恰逢其时。当然，由一个社会来决定某些对于经济、我们的文化（今天不那么具有可能性）或者某些政策（例如，军事、环境和健康）而言更引人注目的、更迫切的或者更重要的研究议题，是完全可以接受的。如果将目前用于神经科学研究的资源转而分配给法学，这的确有些荒谬，同时社会也完全不能接受。许多业已作出的选择，都有各自充分的理由。然而，这些偏好应该直接而不应该借助科学性程度多少的修辞予以强调和表达。因此，是科学越来越不重要，而非科学越来越不科学。

（二）“法律与 ×”学科更科学?

本章也探讨经济分析法学与其他“法律与 ×”学科是否如它们往往声称的那样较之传统的法学研究更加科学这一问题。这些学科与传统法学研究的主要区别在于它们彼此提出的研究议题是不同的：前者是实证性的，而后者是规范性的。传统法学研究提出的典型问题无法采用这些经验科学使用的方法予以回答。所以，只有当某些研究议题被认为较之其他研究议题更为科学时，“法律与 ×”学科本身才是更为科学的。尽管如此，诚如前文所述，对于大多数实践性目的而言，科学与非科学之间的划分并没有意义。在何种语境下，社会应该从重视特定研究议题转向重视像经验科学这样对科学进行反复界定而非直接评价研究议题之于社会、文化和经济的重要性呢？此外，这些学科从经济学、社会学、政治学以及其他视角所要解释的当然就是“法律”本身。但若是如此，这些学科就必然将法律假定为一个包含权利与义务的具有约束力的体系，通过使用传统的法学研究方法从该体系中获得法律问题的答案。它们必然依赖传统法学的研究成果（或者自己的但却是相同类型的研究成果），并把这些研究结果当作它们进行比较分析、经济分析、社会分析与历史分析的起始点。换言之，如果没有传统法学研究提供“材料”，这些多角度的分析就根本无法进行。传统法学研究是非科学的，在此种程度上，这些建立在传统法学研究基础之上的学科必然也是非科学的。

诚如上文所述，某些学科也越来越致力于规范性的辩论。尤其是，这些学科有时会声称它们能够扮演回答法律问题的角色。然而，在这种语境下（无论它们具有何种科学价值），它们通常没有太大用处，这不仅因为它们建基于诸多具有争议性的（或纯粹不可信的）假设之上，而且还因为它们的视野相当偏狭。换言之，一旦它们变成规范性的，它们也会变得杂乱无章。规范性的法律经济学就是典型例证。经济学家往往在高度复杂的模型中采用一种形式化的方法表述他们的理论。这些模型从定义上看是抽象的（排除了许多事实），并且包含了一些变量。理论上，这些模型可以通过实证方法来验证现实，但实际上这几乎不可能发生。[316] 有鉴于此，经济学家们有时会简单地假定

---

[316] See David Heigham, ‘Letter: Why Are Economists So Unscientific?’, in: *The Economists' Voice*, Vol.4(2007): lss.2, Article 5. 个人才是他们自己福利的最大合理化者，这个假设近来已被多次验证；这种行为研究业已产生出一种稍微更加中肯的（但仍有意识形态偏见的）“有限”理性之观念。

他们的模型是符合现实的。当然，这些假设并非中性的；它们通常会受到意识形态的影响，经常（但并不总是）偏向于自由市场友好型的意识形态。尽管如此，在规范性法经济学中，恰恰是这些抽象的模型与它们的假设是学者们试图给予规范性力量的，他们告诉决策者必须使得现实与经济学模型相适应。此外，为了将实证性的问题转化为规范性的问题，他们不得不增添这种普适化的规范性假设，即更多的社会福利（或“效率”）在本质上是有利的。[317] 由此造就的结果是，对于拒绝这些假设的人而言，在回答包括法律问题在内的规范性问题上，法经济学几乎没有任何价值可言。因此，采用库恩的专门术语来说，传统法学研究和法经济学学者（特别是其最具原教旨主义的代表者）可谓是在不同的“范式”下工作。[318] 他们拒绝接受彼此所作的假设与具体的研究议题，并且他们往往会以颇为矫饰主义（mannerist）*

[317] See R. Dworkin, ‘Is Wealth A Value?’, (1980) 9 *Journal of Legal Studies* 191, p. 194. L. Kaplow and S. Shavell, *Fairness versus Welfare* (Harvard University Press, 2002). 后者甚至声称社会福利是唯一重要的问题。

[318] Thomas Kuhn, *The Structure of Scientific Revolutions* (University of Chicago Press, 3rd edn, 1996).

* 在视觉艺术当中，矫饰主义所指的是在欧洲的绘画、雕塑、建筑上所呈现的一种极度明显的风格，特别是在意大利，其时期大约是在 1520 年至 1600 年之间。其特征是借由瘦长的形式、夸大的风格、不平衡的姿势来描绘人类和动物，以产生戏剧化和强有力的影响。本文作者使用此语意在强调传统法学研究者与法律经济学派的研究者在相互竞争对抗的过程中，在阐释各自知识体系时往往会采取伸缩、突出、夸大等手法来获取影响力。——译注

的方式来阐述各自派别内共同的知识体系。

依照一个既定的法律体系，针对某个法律问题从这些视角的其中一个出发提出规范性论据，在此程度上，这也会同关于法律渊源的公认观点产生冲突。这些公认的观点在某些国家（尤其在德国）被以一种法律方法明确地得以阐述。此时这个问题就转变为，法律体系对论据的开放程度有多大以及何种途径（主要是诸如诚信那样的一般条款）能够提供进入法律体系的通道。乍看起来，这个富有争议的问题似乎与这些经济的、历史的、比较的抑或其他方面的论据是否具有多少科学性并不存在任何关系；相反，这里的问题在于它们是不是法律上的论据。尽管如此，本章的观点是，与其让内部视角的法律分析变得更加科学，毋宁让像这样一类在某种程度上不被视为法律论据的论据转变成与回答法律问题截然不同的实践：这种论据可能仍旧是规范性的，但它却存在于法律分析领域之外。[319] 当然，法经济学者通常并不会认识到这一点。

同样，从另一方面来说，法律学者并非总能充分认识到这一趋势：由于欧洲法律文化日趋非形式化和偏重实质性的结果，

[319] 这可能造就这样一种判断：法律本身就是错误的。这是一种来自外部视角的观点。它本身可能很有说服力。

外部视角与内部视角之间的界限正愈发模糊。[320] 欧盟指令的工具主义和印象主义方法、欧洲法院的实用主义风格、比较法的破坏性角色及其功能性方法、学者们提出的经济、文化和政治的外部视角、建立在实质性权威而非正式法典之上的软法的成功，以及由于博洛尼亚宣言的实施导致法学教育逐渐较少以地方为导向（locally-oriented)，所有这些因素共同推动形成了一种新的欧洲法律文化，即欧洲国家法律文化较之以前变得不那么形式化、教义主义和实证主义了。通过借助于这样一种不那么形式化的方式，较之采用繁琐的一般条款或预设法律漏洞，实质性论据更容易地成为法律上的论据。[321] 由于法律方法变得

---

[320] 在《法律的概念》一书中，哈特将外部视角与内部视角之划分引入法学。See H.L.A. Hart, *The Concept of Law* (Clarendon Press, 2nd edn, 1961), p. 88. 在社会科学中，内部 / 外部视角划分与解释主义 / 实证主义划分是一致的。Cf Brian Z. Tamanaha, *Realistic Socio-Legal Theory: Pragmatism and a Social Theory of Law* (Clarendon Press, 1997), chapter 3. 此书提到，“法律实证主义”与社会科学中的内部观点（而非外部观点）与解释主义（而非实证主义）是相似的。

[321] 在德国，卡纳里斯引入了“法的获取渊源”（Rechtsgewinnigsquellen）概念。此概念须与“法的效力渊源”（Rechtsgeltungsquellen）和“法的认知渊源”（Rechtserkenntnisquellen）两个概念区分开来：较之制定法（法的效力渊源）、判例法和法律学术著述（法的认知渊源），“法的获取渊源”由于并非一种被正式认可的渊源而无法提供法律问题的答案，它们的影响力只取决于在实质上是否具有说服力。See Claus-Wilhelm Canaris, ‘Die richtlinienkonforme Auslegung und Rechtsfortbildung im System der juristischen Methodenlehre’ in: Helmut Koziol （转下页）

不那么形式化并且采纳了更多实质性论据，外部视角和内部视角之间的界限正渐趋模糊，在此种程度上，法律分析也可以说正在逐渐从聚焦法律解释和法律含义的人文学科转向主要关注人的主观能动性所带来之影响的社会科学。然而，只要法律继续被认为（至少在某种程度上）具有约束力，[322] 它就会一直关注于文本的含义与解释（这与人文学科非常相似），就此而言，

（接上页）& Peter Rummel (eds), *Im Dienste der Gerechtigkeit (Festschrift Franz Bydlinski)* (Vienna, New York: Springer 2002), at 9. 尽管如此，需注意的是，我的观点远远不止这些：我认为这些不同的渊源无法（再也不能）被区分开来。我的观点也会比哈特的观点走得更远，在他看来，（由不承认现有规范之人作出的）"超然的规范性陈述"（detached normative statements）构成了除了内在陈述和外在陈述之外的第三种陈述（H.L.A. Hart, *Essays in Jurisprudence and Philosophy* (Oxford University Press, 1983), pp. 14-15）。塔玛纳哈认为，就被观察者（解释主义 / 实证主义）与观察者（参与者 / 非参与者）而言，我们应该区分内在陈述与外在陈述的界限。See Brian Z. Tamanaha, 'A Socio-Legal Methodology for the Internal/External Distinction: Jurisprudential Implications', 75 *Fordham Law Review* (2006), 1225. 我主张（此处及下文第五节第二小节），在欧洲，我们（甚至德沃金的赫拉克勒斯）越来越难以搞清楚（因而也越来越没有意义），某个陈述是不是超然的、解释主义或实证主义的、参与者或非参与者的，因为相关体系、共同体和司法实践源于何处是不甚明确的。法官是唯一的参与者吗？根据德国法律学者的观点，答案是否定的。共同体法是欧洲法律体系唯一的组成部分吗？根据那些将可适用于欧洲的全部法律看成一个多层次体系之人的观点，答案是否定的。法国法或美国法经济学家的观察对于荷兰法而言是不是外部的？对于坚持对内国法作出有利于欧洲解释之人以及对于笃信法律应当通过解释这样的方式使得解释结果产生最大化社会福利之人而言，答案同样是否定的。

[322] 参见下文第四节第一小节。

法律仍将是一门相对自主的学科。[323]

一旦我们承认这些经济、比较、历史和其他视角的内在陈述，就会产生另一个问题：何种视角应占据主导地位。鉴于我们之前看到的那样，似乎并不存在“科学的”（带有大写字母S）方式可堪用来衡量这些不同视角及其各自假设之价值。鉴于上述论据是规范性的，许多假设（例如，根据效率、遵照罗马法或者依循大多数其他法律体系所做的，是正确的）也是规范性的，因此这些问题皆需要进行价值判断。诚如前述所论，一种将不同视角考虑在内的研究方法往往将有利于作出一个更为明智、更为公平的判断。这在一定程度上或许可以解释对规范性问题进行跨学科研究现在已然如此流行的原因。尽管如此，由于无人能够考虑到所有可能的视角并进而采用一种合理的、“客观的”方法来衡量它们（遑论它们彼此之间是否可通约这一问题！），因此我们必然仰赖于我们自己的那套价值观念甚至个人偏见。有鉴于此，“折中主义”也许是这样一种现代方法更为直接的称谓。[324]

---

[323] Cf Brian H. Bix, ‘Law as an Autonomous Discipline’, in Peter Cane and Mark Tushnet (eds), *The Oxford Handbook of Legal Studies* (Oxford University Press, 2003), at 975.

[324] 主张方法论折中主义的学者，可参见 Duncan Kennedy, *A Critique of Adjudication {fine de siècle}*(Harvard University Press, 1997), 15. See also M.W. Hesselink, *Contractenrecht in Perspectief* (Boom Juridische Uitgevers, 2004), Chapter 7.

最后，这些外部视角及其方法的一个共同特点在于它们均声称自己具有普遍性：原则上，通过使用它们的方法，可以对任何时空的任何法律体系进行分析。这是它们与自然科学与诸如社会科学之类的其他被公认的科学的共同之处。事实上，其中许多方法都是这些被公认为科学的方法在法学这一研究对象中的实际应用。与之形成鲜明对比的是，法律方法从定义上看却是本土的。这些方法虽然有可能是普适的，若它们也将它们的假设视为普适的并由此提出规范性的主张，那么它们的主张就会存在问题。这里，可再次以经济分析法学为例进行说明。普通法中的效率理论是一个很好明证：该理论可追溯至奥利弗·温德尔·霍姆斯，现在一直为理查德·波斯纳以及其他法律学者们所倡导。它假设凭借其所谓的普适标准，整个法律体系（碰巧是他们自己的法律体系）实际上会较之其他法律体系（特别是民法法系）在经济学上更有效率。[325] 假如这种理

[325] 对于普通法效率理论的论述，可参见 Richard Posner, *Economic Analysis of Law*, (Aspen, 5th edn, 1998), § 8.1. 埃里克·波斯纳指出，在合同法领域，福利经济学可能提供关于自由市场优越于计划经济的具有说服力的理由；自由市场客观要求所作出的承诺皆是具有约束力的。“存在许多方法可以使得作出的承诺具有约束力……合同法中有许多不同的规则都会促使人们作出有约束力的承诺。实际履行相当于损害赔偿；字面解释相当于目的解释。” See Eric A. Posner, ‘Economic Analysis of Contract Law After Three Decades:Success or Failure?’ ,112 *Yale Law Journal*, p. 829. 由经济学家拉波塔（La Porta）、洛佩兹·西拉内斯（Lopez-de-Silanes）、（转下页）

论能阐释一切，那么美国的经济分析法学——因其特有的经济效率理念——将适合任何社会和法律体系，这与适合美国社会和美国法律体系别无二致。[326] 在比较法学中，“法律移植”的观念也许相对而言没有坏处，但是它的基本假设也一样过于简单。[327] 新潘德克顿思想认为罗马法有助于未来欧洲私法的发展，它的基本假设也存在同样的问题。[328]

（接上页）施莱弗（Shleifer）和维什尼（Vishny）（LLSV）一起提出的“法律起源”理论甚至更为极端，该理论主张普通法系较之民法法系（尤其法国法系）更加优越。沃伊特巧妙地指出，根据这一理论，人们在国际贸易中可以合理地期待存在广泛的英国法或美国法供其选择。然而，这种期待在经验上（至少可以这样说）并未经过现有统计证据的证实。See Stefan Voigt, ‘Are International Merchants Stupid?-Their Choice of Law Sheds Doubt on the Legal Origin Theory’, 5 *Journal of Empirical Legal Studies* (2008), 1.

[326] 与之相同的一个更加危险的说法就是所谓的“华盛顿共识”，该共识鼓吹私有化、放宽管制、减少公共开支等。人们不必成为一个极端的反全球化主义者，便可意识到民众、社会及其经济构成彼此之间是存在差异的以及一种模式事实上不可能适用所有情形的。由此，试图以经济科学之名，不考虑世界范围内不同国家的不同社会、政治与经济状况而强制推行“华盛顿共识”，绝对是不科学的（而且是不道德的）。See J. E. Stiglitz, *Globalization and its Discontent* (Penguin Press, 2002), 78.

[327] See Gunther Teubner, ‘Legal Irritants: Good Faith in British Law or How Unifying Law Ends Up in New Divergences’, *The Modern Law Review* 1998, 11.

[328] Pio Caroni, ‘Der Schiffbruch der Geschichtlichkeit; Anmerkungen zum Neo-Pandektismus’, *Zeitschrift für Neuere Rechtsgeschichte* (1994), 85.（对新潘德克顿主义者做出了这样的评论：“只有在极度夸张的情况下，大体上是出于善意挑衅的目的时才能说：他们中的大多数人……为了影响充满未知数的未来而研究虚幻的过去。”）

总之，有关经济、政治、比较、历史、心理与其他层面的法律分析均有助于完满地解决某个法律问题。鉴于法律分析变得不那么形式化了，在此种程度上可以说，这种做法将会愈发普遍。尽管如此，我们还是很难看出，为何在此等情况下法律问题的答案将会更加科学。诚如罗蒂所言：

> “社会科学家，像小说家、诗人与政治家一样，有时会提出一些可以为法官所用的好想法。据我所知，品牌经济学以效率之考量为中心，可以给赫拉克勒斯提供某些非常有用的想法。但是我很肯定，波斯纳会很难解释那些想法的来源或适用那些想法有何特别科学之处。我之所以确信这一点，是因为看到了许多哲学家力求发现一种从认识论或方法论的角度（与社会或道德相对）把科学与非科学加以区分的尝试和失败。”[329]

这些观念背后的规范性假设仍然隐晦，在此种程度上，若从一种学术视角观之，这些观念甚至更容易受到质疑。颇有些讽刺的是，通常更为熟悉有关争议的不同方面且更习惯于处理彼此不同的规范性主张与假设的法律学者们，甚至更可被称为

[329] Richard Rorty, *Philosophy and Social Hope* (Penguin, 1999), p. 96.

精通规范性科学的真正大师。[330]

四、法律方法有何优点?

(一)激进的内在批判

对于法律渊源实际在多大程度上决定了法律结果这个问题，此处我不做探讨。从现在追求的目标来看，我们只需稍作回顾便已足够。虽然几乎所有法律问题的答案与所有法律方法都有可能（以及业已经常）遭受到严厉的、有时具有破坏性的批判，或受到竞争性答案和替代性法律方法的挑战，但是所有这些似乎都不能让我们得出如下结论：并不存在诸如法律推理或法律方法这样的事物、法律与政治之间毫无差别，或者采用一种内部视角是不可能的。诚如邓肯·肯尼迪所言，“倘若把法律必要性设想为一个金碗，那么就没有谁能够找到让我们一下子就可以打碎它的致命缺陷。成功的批判是‘地方性的’(local)，即便当这种地方性是指一整套有关司法中立的理论之时”。一个普遍的共识是，有关回答法律问题和发展法律方法的设想并不是

[330] 在这种意义上，可参见 A.H. Stamhuis (eds), *Rechtswetenschappelijk onderzoek. Over object en methode* (Boom Juridische Uitgevers, 2003), at 5.

毫无意义的（尽管对手给出的答案或方法确实如此）。[331] 这就意味着，通常所谓的“法律实证主义”是一种可以产生（比如，科学的）知识与技能的合理性实践。另一方面，当前没有人会认同回答法律问题纯粹只是一种逻辑推理（涵摄），而不必做出任何价值判断。这就使得法律分析成为一种混合方法。就此而言，它是杂乱无序的。

法律方法的目标就在于使其不那么杂乱无序，如通过提出法律解释的标准、尝试分清法院适用现行法与创造新法之间的区别，以及当法律“穷尽”时告诉法院应当如何作为等。从内部（规范性的）视角来看，现有的法律材料必须以这样的方式（建立在规范性基础之上）进行解释，如此做出的解释才能最为合理，得出的结果才能尽可能地可以预见。法律方法的目标就在于促成这种结果。内部视角是有意义的，能够产生确定的结果，在此种程度上，法律方法也是有意义的，有利于得出正确的（或者可能最好的）结果。此外，清楚地阐述某种方法明显有利于取得更有预见性的结果。

---

[331] Duncan Kennedy, A Critique of Adjudication, 92. 在《法律帝国》中，德沃金谈到了“全球范围内的内在怀疑主义”：“要证明一个有瑕疵和自相矛盾的陈述与一个更协调和更有吸引力的陈述同样适合，是再容易不过了（也更没有意义）。内在怀疑主义者必须证明这个有瑕疵和自相矛盾的陈述是唯一可以获得的。” See Ronald Dworkin, *Law's Empire*, 274.

（二）让规范性的假设得以明确的法律方法

方法论并非一门中立的科学。[332]事实上，实践中的方法论选择大体介于最具政治性和最具相关性之间：它们通过设置游戏规则决定着知识的生产。方法论问题（在库恩所称的“常规性科学”中）通常位居科学的边缘地带且经常被心怀好意抑或恶意地控制在该地带，但当一种方法（在“革命性科学”中）受到其他方法挑战时，情况就不同了。[333]谁赢得方法论上的斗争，谁就能奠定整个范式的基础，该范式的所有细节都将被详尽呈现。这种方法为占支配地位的库恩意义上的范式提供了基础，而一度存在争议或受到质疑的奠定该方法胜出之基石的根本选择与假设则会消隐至福柯所言的“幕后”。[334]但是，如果新潘德克顿主义、法经济学或传统法律方法因其背后的假设被拒绝而不被视为一种科学方法，那么它们所有的研究结果都将是存在疑问的。比如，有人认为，法经济学、法律与行为科学、

[332] 事实上，根据波普提出的标准，方法论根本不是一门科学，因为它不是实证性的。

[333] Thomas Kuhn, *The Structure of Scientific Revolutions* (The University of Chicago Press, 3rd edn, 1996).

[334] Michel Foucault, *Les mots et les choses; une archéologie des sciences humaines* (Gallimard, 1966).

法神经学与其他类似的学科都关注自由意志、竞争和自然选择，本质上皆是围绕着相同理念和价值观的新自由主义之体现。就此点而言，有趣的是，我们注意到，卡尔·波普曾是哈耶克（Von Hayek）的朋友，[335] 他借用达尔文的术语来阐述他的方法，而达尔文的灵感反过来却来自亚当·斯密（Adam Smith）。[336] 当然，这就意味着，这些方法对于那些不认同（新）自由主义思想之人而言是没有多少吸引力的。

科学方法的目的就是使得科学结果客观化。根据这种观念，倘若追求可称之为真理的过程是可同理推论的（nachvollziehbar），也即追求真理之过程可以被任何人复制，那么许多陈述就不再是主观的意见，而转变成实证资料与客观事实。当因科学方法必然会建立在将会促发一种无限回溯的系列假设基础之上——因此波普对“事实”秉持比较相对主义的立场[337]——而业已对实证科学产生怀疑之时，规范科学（normative science）存在的问题甚至更多。究其原因在于，许多假设会涉及价值观（何谓

[335] 波普的《猜想与反驳》(Conjectures and Refutations,Routledge Classics, 2005) 一书就是献给他的。

[336] 证伪理论与达尔文的自然选择理论十分相似。波普不止一次地明确采用了达尔文提出的术语。例如，“我们选择的理论在与其他理论的竞争中能最好地保持下来；根据自然选择，这个理论证明它自己是最适合的生存者”。See Popper, *Scientific Discovery*, 91.

[337] Popper, Scientific Discovery, ch 5.

善与何谓恶），不同人的价值观又大相径庭，而且更重要的是，人们往往更关心这些价值观而非大多数积极性主张（positive claims）的真实性。举例来讲，如果某人提出一种私法方法，声称当法律存在疑问或法律穷尽（存在法律“漏洞”）时必须采取一种最符合意思自治——构成私法基础的基本原则——的方法来解释私法，那么她不但必须要让听众信服法律的基础就是不成文的原则（即不为法典或制定法所明确规定的原则），而且亦必须说服听众意思自治是其中最为根本的原则。为此，她可能尝试通过展示私法如何以意思自治作为基础（从而陷入循环论证）或者展示意思自治对于个人和整个社会如何有益，私人自治较之诸如社会团结之类的其他价值如何更好。但有些人并不相信这些。换言之，有些人在相同程度上并不认同这种价值观。对于这些人来说，建立在此等假设基础之上的精致大厦并无价值可言。这些假设并不一定像我所列举的私法自治的例子那样具有意识形态立场。事实上，许多法律方法的目的在于以这样一种让法律看起来协调一致的方式来解释法律，它们建立在有利于法律体系融贯的规范性假设（例如，基于公平原则）和一种关于融贯性较之其他价值更为重要的具体观念基础之上。这种融贯性可能会与某个法律体系需要具备的其他特点发生冲突（例如，合同法应该更为欧洲化），而这些特点正是建立在其他价值的基础之上（例如，有利于内部市场良好运转的价值或者有利于欧洲团结的价值被认为能够实现欧洲的和平与稳定)。

总之，规范科学的方法必然建立在规范性的假设基础之上，但人们最终不太可能就这些假设达成一致。存在多少种看待世界的方式，就存在多少种法律的方法。基于同样道理，存在多少人便存在多少种法律体系观。将一种法律方法观清楚地表达出来可能有助于增强法学讨论的透明度。对法律学者们而言，他们甚至有必要在其出版物中，对这些方法论的前提加以清楚阐释。[338] 在国际与欧洲的语境中，这种做法甚至更为可取，因为国际与欧洲的法律与学术共同体较之地方层面的法律与学术共同体同质性程度更弱，所以若假设是含混不清的，那么误解就更有可能产生。

诚如上述所言，一场关于欧洲法律方法的辩论不太可能就把争议完全消除。恰恰相反，它将会把欧洲私法学术的基本假设从目前所处的幕后推到台前。由此，一场关于欧洲私法方法的论争将可能极大地增强欧洲法学研究的透明度。考虑到法律学者们有效地扮演了塑造欧洲私法的重要角色，这种学术透明是最可期的。这就意味着要把当前欧洲私法的论争置于更为根

[338] 这种做法较之有些人想从其他科学中借鉴方法上的指南要有用得多（形成可证伪假说等）。See e.g. R.A.J. van Gestel, J.B.M.Vranken ‘Rechtswetenschappelijke artikelen. Naar criteria voor methodologische verantwoording’, *Nederlands Juristen Blad* 2007, p. 1448.

本的层面上，即其规范性基础的层面上。除却某些逻辑层面上的非争议问题与某些术语层面的问题（但即便术语也很容易导致政治化），欧洲私法的论争将不得不主要围绕基本的价值观展开。这将是一场诸价值观之间的论争，人们将这些价值观归因于法律体系，并根据这些价值观（如借助假定的“原则”）来解释法律体系。通过“解释”或者填补诸如诚信之类一般条款中的“开放性规范”，这些价值观将可能成为论者以己之意型塑法律的强大工具。说得更明确一点是：围绕欧洲私法的社会正义展开的论争最终将无异于围绕欧洲法律方法所展开的论争。

（三）清楚地阐述一种法学研究方法

特别需要指出的是，采用某种法律方法就意味着采纳了某种法学理论（和裁判理论），同时也意味着可能认同了某种（立基于法学理论的）正义理论。对“法律”的界定取决于作此界定的目的和语境。若法律被当作一种现象来研究，那么就需要一个实在性的界定。但是，若法律被当作一套从内部视角出发进行研究的有约束力的规范，那么就需要有一个规范性的界定。在后一种情况下，法律的界定只能针对特定法律体系（特定共同体的法律体系）而言。这种界定关乎对于采取内部视角的共同体而言什么才算是（更确切地说，什么应该算是）

法律体系。能够普遍适用的作为一种规范的法律理论是不存在的。

这种法律理论，除其他事项外，需要一个关于政治、经济、历史、比较和其他方面的“外部”论据在法律分析中应当扮演何种角色的观点（也即一个关于法律体系应当如何与政治学、经济学、法律史学和其他相关话语区分开来的规范性立场）。从另一方面来看，这是一个关于法律结果在多大程度上可以或应该完全由“法律渊源”决定的观点。换言之，选择了某种法律理论就意味着选择了一种有关法律渊源观念的立场；采纳这种立场，在更具操作性的层面上，就是对特定法律渊源的承认。其次，应该如何解释这些法律渊源？当这些渊源似乎并没有提供答案（“法律穷尽”）或者提供了多个不同答案（相互矛盾）时会出现何种情况？最后，若从法律渊源中得出的结果看起来有失公平，那么应当如何应对？这种理论应对此作出回应。这就需要一种正义理论。此等理论应该确定法律在实现社会正义中扮演何种角色，以及何种结果才可称得上一个公平的结果。

下一个问题是，当涉及欧洲私法时，我们所采用的任何方法是否应当为欧洲的方法，而这又意味着什么？

五、迈向一种欧洲法律方法

（一）谁的方法?

1. 争夺霸权的斗争

一些德国法律学者认为我们需要一种欧洲法律方法。[339] 与人们所期盼的不同，这些学者首先关心的并非欧洲（无论德国域外还是域内）私法研究的学术质量。相反，他们真正关心的是，法院尤其是欧洲法院对于法律的适用。这种观念认为，与适用德国法不同，对于欧洲法的适用、解释与深入发展，理性

[339] See e.g. Klaus-Peter Berger, 'Auf dem Wege zu einem europäischen Gemeinrecht der Methode' *Zeitschrift für Europäisches Privatrecht* 2001, p. 4; Axel Flessner, 'Juristische Methode und Europäisches Parivatrecht' , *Juristen Zeitung* 2002, 14; Stefan Vogenauer, 'Eine gemeineuropäische Methodenlehre des Rechts - Plädoyer und Programm' , *Zeitschrift für Europäisches Privatrecht* 2005, p. 234, and the contributions to Karl Riesenhuber (ed), *Europäische Methodenlehre; Grundfragen der Methoden des Europäischen Privatrechts* (De Gruyter, 2006).See from Switzerland: Ernest A. Kramer, 'Konvergenz und Internationalisierung der juristischen Methode' , in: Christian J. Meier-Schatz (ed), *Die Zukunft des Rechts* (Helbing & Lichtenhahn, 1999), at 71. 有关主张一种欧洲法律渊源的理论（europäische Rechtsquellenlehre），可参见 Johannes Köndgen, 'Die Rechtsquellen des Europäischen Privatrechts' , in: Karl Riesenhuber (ed), *Europäische Methodenlehre; Handbuch für Ausbidung und Praxis* (De Gruyter, 2006), at 133,158.

程度不足、原则化不强、可预见性不高，由此法律学者们必须做点什么。为此，他们必须对法院以及所有其他法律适用者（在回答法律问题的意义上，这也包括他们自己）就如何解释和深入发展欧洲法加以说明。显然，这种观念非常契合这一观点，即对某个法律问题而言，学者们的共同意见（*communis opinio doctorum*）相当重要：倘若法律学者们是能够提供法律问题之正确答案的专家，那么他们就一定掌握了获取这些答案所必需的方法技能。尽管如此，诚如上文所言，在这一点上，在不同国家，法律学者们的地位各不相同（法官、立法者和法学教授）。法律学者们在法律方法上占据主导地位，甚至是垄断地位，绝对不是必然的。许多国家的立法者现在已对法院就如何适用法律给予指导。法国民法典的“序编”（Titre préliminaire）就是典型例证。[340] 与此同时，也存在诸多例子表明法院本身也为法律解释提供指引。现在只需考察一下欧洲法院制定的那条

[340] 全称是“序编：法律的公布、效力及一般适用”（*Tire préliminaire:De la publication, des effets et de l'application des lois en général*）。该编包含了许多规则，如第 5 条规定，“审判员对于其审理的案件，不得用确立一般规则的方式进行裁判”。就此，亦可参见《奥地利普通民法典》第 6 条至第 8 条和《瑞士民法典》著名的第 1 条（在第 3 款提到了法律学说和判例）。

规则，即对内国法的解释必须与共同体法律[341]——尤其是根据不同语境制定的指令和通则——保持一致（协调性解释），那么欧盟法的解释就必然是独立自主的。有鉴于此，法律学者们为迈向一种欧洲法律方法所付出的努力可最好地被视为法官、立法者和法学教授之间的力量角逐。

这使得我们重新回到法学研究与法律实践之间关系的问题上。法律学者不是唯一对法律问题的正确答案感兴趣之人。因此，法律学者可以给法官和辩护律师提供的关于法律问题的答案（实在法）或发现答案所必需的方法（法律方法）的任何信息，均可直接被运用于他们的职业活动中。但另一方面，在许多国家，法律学者已经承认“判例法”是一种法律渊源，当寻找法律问题之正确答案时必须将其考虑在内。然而，无论是基于宪法和制定法均未将判例法视为一种渊源这一形式论据，还是因为权力分立之理想（法院应适用法律而非创造法律）使

[341] Claus-Wilhelm Canaris, ‘Die richtlinienkonforme Auslegung und Rechtsfortbildung im System der juristischen Methodenlehre’ in: Helmut Koziol & Peter Rummel (eds), *Im Dienste der Gerechtigkeit (Festschrift Franz Bydlinski)* (Vienna, New York: Springer 2002), at 47. 这篇文章恰当地指出，在这个语境之下，这里的“解释”概念，如同欧洲法院所使用的解释概念那样，必须被理解为包括严格意义上的解释（保持在法律语句之可能含义的范围内）和当存在法律漏洞时对法律的进一步发展［他将这称为“符合指令的法律续造”（richtlinienkomforme Rechtsfortbildung）］，因为在德国和其他成员国中这两者是有所区分的。

然，这在所有国家并非都是如此。在某些国家，判例法被视为一种法律渊源，但它却非唯一的或最终的权威（至少不适用于所有情形）。[342]由此，在这些国家，法律学者对于现行法（实在法）的阐释与最高法院的判例法有时可能会大相径庭。在一些案件中，他们会指出最高法院的判决是错误的，这种错误并非是道德上的瑕疵、经济上的不稳妥或政治上的不明智，而是指法律上的错误：正确地解释法律渊源将可能产生与之不同的结果。[343]显然，这种做法是有代价的。在大多数国家，无论通过明确承认自己的判例法为一种法律渊源，[344]抑或通过一种遵循先例的正式规则，法院倾向于遵循它们自己的先例与上级法院的先例。鉴于法律从业者的兴趣主要在于诉至法院案件的可能结果（在这一点上霍姆斯的看法是正确的），所以当“科学知识”或“法律学说”中的主流观点与判例法不一致时，他们对这种主流观点也不会过多关注，即便在他们看来这些学术观

[342] 在概念上将能够创造法律的渊源（法的效力渊源）和纯粹说明法律是什么的渊源（法的认知渊源）进行区分。特别是，后者包含了判例法和法律学术作品。See Larenz, Methodenlehre, 429. 卡纳里斯则将判例法视为一种“法的效力渊源”。

[343] 罗道夫·萨科的比较法理论便是立基于这样的观念之上，即对于相同法律问题，一个法律体系之内的不同“法律共振峰”可以导致不同的结果。See Rodolfo Sacco, ‘Legal Formants: A Dynamic Approach to Comparative Law’, 39 *American Journal of Comparative Law* (1991), pp. 1-34 and 43-401.

[344] 我们再次看到了某些明希豪森式的特点。

点有可能是正确的。由此，“法律学说”忽视了作为一种法律渊源的判例法，在此限度内这使得它自己变得无足轻重。(然而，“学说”亦步亦趋地追随着法院，从来不指出它们所犯的法律错误，这也会使其面临着丧失大部分影响力的危险。[345]）此处需要注意的是，较之学术共同体的范围，致力于回答法律问题的法律共同体的范围更加广泛。[346]因此，至少可以这样说，围绕欧洲法律方法的论争是否应当仅限于法律学者之间或者是否应该由他们来领导？游戏规则主要应由学术共同体来决定吗？

2. 一种开放型的协调方法

从外部视角转向内部视角，从描述性方法转向规范性方法，这里存在的问题是，作为欧洲法律学者，我们要与谁共享这种内部视角？与我们一起确定相应方法的法律共同体应该是谁？既定国境内的任何人（下文将深入讨论）该不该因为他们不是法律学者而被排除在外？具言之，在我们的方法内，如果我们承认判例法是一种重要的法律渊源，那么该不该承认判例法也是法律方法的一种重要“渊源”？

---

[345] Canaris warns of ‘die Verzwergung der Rechtswissenschaft zur Rechtsprechungskunde’ (Claus-Wilhelm Canaris, *Karl Larenz Lehrbuch des Schuldrechts* (Beck, 13th edn, 1994), vol Ⅱ, part 2, vi.

[346] 与之形成对比的是，塔玛纳哈认为，法官和法律学者“所从事的实践是完全分离且截然不同的”。See Tamanaha, Realistic Socio-Legal Theory, 270.

此处需注意的是，这些问题皆是规范性的问题，需要进行价值判断。不可否认，法律学术的实践与欧洲法的判决实践，到了它们只有尽可能使用相同的术语，才会更有意义（融贯性、可预见性和更有可能地实现正义）的程度。意在排他性地使用自己的术语和方法来回答法律问题的法律学术，脱离了法律实践，将毫无意义可言。有鉴于此，伴随关于法律渊源和法律解释的普遍观念之形成，一种共同的法律方法似乎是理想之选。此种共同方法只能在所有受其影响的处于各个治理层面（尤其是国家层面与共同体层面）的立法者、法院和法律学者之间的相互对话中形成。可以说，这是一种开放型的协调方法。

（二）欧洲私法体系的界定

接下来要探讨的问题是，对于可称之为法律体系的事物而言，方法意味着什么？这就引出了这样一个问题，即欧洲（私）法是不是一个可从内部加以研究的法律体系？

通过下定义，人们可以使用传统的法律方法研究特定的法律体系。如此作为并非为了获取对法律现象的一般了解。人们试图根据一个既定的法律体系来发现法律问题的（正确）答案。规范性的问题总是与适用这些规范的特定共同体有关。只有在自然法的理论下，才存在普遍适用的规范。规范科学从内部视角出发研究法律，因而必然与某一特定的法律体系有关。可以说，对于合同法的问题，普适的答案是不存在的。相关的体系并不必然是某个国家的体系；它也可能是一种国际法律体系、欧洲法律体系、区域性法律体系或者市政法律体系。重要的是，就像在大多数其他科学中那样，人们的研究结果并没有主张它们自身的普遍性。[347]这就意味着法律方法，即从内部视角出发对某一既定的法律体系进行规范性研究的方法，必然也是本土性的。[348]

当然，这并不排除，从一种外部视角看，不同法律体系中的诸多法律方法（像法律规则或法律结果那样）可能看起来非常相似，尤其当它们所在国的社会、经济与文化状况非常相近或者当它们拥有共同历史之时，更是如此。与此同时，这也并不排除，法律方法会因欧洲化与全球化进程而渐趋融合。[349]此外，即使外来的法律方法对于本土的法律适用者没有约束力，

[347] 即便这些关于普遍性的主张可能非常抽象。例如，火山学专家的研究结果只有在有火山的地域才得以真正适用。基于相同道理，人们甚至可将有关荷兰法的主张解读为一个普遍性的主张：对于施行荷兰现行法律体系的所有地方均有效适用。

[348] 同样的观点，例如可参见 Kramer, Konvergenz, 71（众所周知，从比较法的角度看，并不存在普适的、统一的法学方法）。关于解释方法与一个既定（时空的）法律文化之间关系的论述，可参见 Stefan Vogenauer, *Die Auslegung von Gestzen in England und auf dem Kontinent* (Mohr Siebeck, 2001)。尤其是沃格瑙尔在此书中得出的第四个结论：没有一种法律方法先天性地较之其他法律方法优越。

[349] See Kramer, Konvergenz; passim Ole Lando, ‘Some features of the law of contract in the Third Millennium’, (2000) 40 *Scandinavian Studies in law*, at 343, 361.

但它们仍然可被作为激发本土方法的灵感来源。尤其当社会、经济和文化状况相近或人们希望（或被迫）与他们所借鉴的国家或法律体系保持紧密关系之时，或者当国际或欧洲融合的程度进一步加深被认为是可欲结果之时，更是如此。这种从域外汲取灵感所促发的结果是，外部视角与内部视角之间的边界将逐渐模糊并且变得不那么重要，这转而进一步推动欧洲法律文化朝着不那么形式化的方向发展。话虽如此，不论一项法学方法在国际上多有启发性，但只要存在国界，它就会在某种程度上带有地方性。这引发了如下问题，即欧洲私法在何种程度上算是一个可从内部视角加以研究的法律体系，以及一个更困难的问题，即此等研究方法存在什么局限性。

基于法律方法的本土性观念，倡导一种欧洲法律方法的德国学者们认为他们不能简单地将传统的德国方法——践行公认的解释模式（文义解释、历史解释、体系解释和目的解释）[350]——应用到欧洲法之中。[351] 现在必须发展出一种新

[350] See Larenz, Methodenlehre, 141. 这种模式可追溯到此书：F. K. von Savigny, *Juristische Methodenlehre* (Kőhler Verlag, 1951), 19.

[351] See e.g. Vogenauer, Eine gemeineuropäische Methodenlehre; Karl Riesenhuber, 'Europäische Methodenlehre- Begriff, Inhalte und Bedeutung' in: Karl Riesenhuber (ed), *Europäische Methodenlehre; Grundfragen der Methoden des Europäischen Privatrechts* (De Gruyter, 2006), 1.

的方法，这种方法普遍适用于所有欧洲人，特别是要与欧洲法相适应。同时，这种方法必须被应用到欧洲法中，即欧盟的一级立法与二级立法种。就指令（目前是共同体私法最为重要的渊源）而言，后者的范围可扩大到依照欧盟指令的转化而被采纳或被修改的部分内国法；根据一些人的观点，其范围也可扩展到因转化而被采纳但又超越指令本身所要求的内国法（“过度转化”）。[352] 但是，这种方法具有局限性：德国私法中保持不受共同体立法者影响的那部分法律仍然要受到其本国法律方法的制约。

由此，德国人生活在两种不同的法律体系——德国法与共同体法——之下，尽管两者相互联系，但各自却拥有自己的法律方法。[353] 这种观点本身存在诸多问题：既有实践与理论层面的问题，也有政治与概念层面的问题。首先，《德国民法典》的不同部分所使用的方法是不同的；每一个部分归属于不同的体系，拥有自己的内部视角。共同体私法将会发展起来并且变得

[352] See e.g. Vogenauer, Eine gemeineuropäische Methodenlehre. 关于“过度转化”（überschie β ende Umsetzung）最好的一个例证就是近来的德国债法改革。此番债法改革是由必须转化大量关涉消费者权益保护的欧洲指令之义务所引发，但是债法中的许多规则又超出了消费者合同指令的内容。

[353] 在相同意义上，洪迪厄斯似乎认为与共同体法相关联的案件要适用欧洲法律方法（communautaire rechtsvinding），而卡纳里斯看上去对于两者之间划界的观念则没那么死板。他认为，共同体法具有一种超出了协调解释的“辐射效应”（Ausstrahlungswiekung），这种效应影响到了欧盟指令范围之外的法律。

更加融贯，在此种程度上，德国法与共同体法之间的张力将会日益加剧。[354] 这甚至将引发如下问题，即这两个不同的法律体系在同一部法典里还必须一起待多久。其次，当纠纷涉及不同问题时，一边涉及已被协调的问题，另一边涉及保持国家性的问题（如要约与承诺以及针对交付货物不符而采取的补救措施），那么由同一法院裁决的相同纠纷也可能需要使用不同的方法来解决。再次，源自欧洲的规则仍然（也）是德国法。实际上，协调法（harmonised law）是一个混合体，既有欧洲法，也有内国法。有鉴于此，协调法难道至少不应使用一种混合方法吗？可直接适用的规则应当如何处理这个问题？在合同法领域，我们需要考察《欧盟条约》第 81 条第 2 款宣布卡特尔行为无效的情形。共同体法把私法所产生的后果交由内国法来解决，但欧洲法院现在愈发需要内国法来满足一系列标准。在 Courage v. Crehan 案与 Manfredi 案之后，私法的后果是否仍然（完全）属于内国法的问题？[355] 换句话说，私主体之间的纠纷牵涉到所谓的卡特尔行为，欧洲的方法当然必须适用于卡特尔的一方，但

---

[354] 就这种日益加剧之张力的论述，可参见 M.W. Hesselink, ‘The Ideal of Codification and the Dynamics of Europeanisation: The Dutch Experience’, 12 *European Law Journal* (2006), p. 279.

[355] Case C-453/99, *Courage and Crehan* [2001] ECR I-6297; Joined Cases C-295/04 to C-298/04 *Manfredi* [2006].

问题在于：对于私法救济（损害赔偿、颁布禁止令等）到底应该适用欧洲方法还是内国方法，抑或两者皆应适用？四种自由存在的问题甚至更多。原则上，它们能够对包括私法在内的任何内国法产生影响。某个规则（也是私法规则）违反了四种自由的任意一种，这个规则就必然不能再被适用。由此，我们难以看到，（法院、法律学者和法科学生）根据不同方法研究、适用、解释与深入发展的不同法律之间的分界线应在何处。

接下来要探讨的是《共同参考框架》的问题。就在今年，《共同参考框架》"学术草案"问世。[356]在《欧洲合同法行动计划》中，欧盟委员会宣布其意欲借助于这样的参考框架，来推动对于欧盟现行私法（*Acquis*）的修订，为一部可选择适用的欧洲合同法典奠定基础。[357]除此之外，欧盟委员会打算使《共同参考框架》成为欧盟委员会、欧洲议会和欧洲理事会之间泛机构协议（inter-institutional agreement）的一项议题。[358]这就引发了

[356] Von Bar et al. (eds.), *Principles, Definitions and Model Rules of European Private Law; Draft Common Frame of Reference* (DCFR) *Interim Outline Edition* (Sellier, 2008).

[357] *A More Coherent European Contract Law; An Action Plan*, 12 February 2003, COM (2003) 68 final;*European Contract Law and the revision of the acquis: the way forward,* COM (2004) 651 final.

[358] 参见欧盟委员会委员基普里亚努（Kyprianou）在这次大会上的公开演讲："European contract law:better lawmaking to the common frame of reference"（first European Discussion Forum), London, 26 September 2005;Action Plan, 80;The Way Forward, 6.

一个问题，那就是《共同参考框架》对司法判决应当产生何种影响？这是关于法律方法（法律渊源）的一个经典问题。纵然没有一个答案（正如经常表明的那样），这个问题仍会产生。那么，针对该问题，应该采取哪种方法来解决，是内国的还是欧洲的？

德国观念建立在这样的宪法思想基础之上：有些规则纯粹来源于国家，另一些规则来源于欧盟（或两者之混合）。在一个多层次体系中，采用此等形式化的方式设想，也许情况会变得相当复杂（以及不甚自然）。就此，我们只需考察一般条款的实际运作便可明晰。在一些法律体系中——尤其是德国法律体系和受其影响的法律体系——像诚信这样的一般条款被视为正义与宪法价值赖以进入法律体系的通道。欧盟关于不公平条款的指令第3条就包含了援引诚信概念来对不公平进行检测。这项指令已被大多数（但并非所有）国家转化为与正义、诚信对等的本国概念。[359]这就引出了一个问题：这些公平与诚信概念应被理解为必须被独立自主解释的欧洲概念，还是应被理解为完全等同于本土概念，抑或是介于两者之间的概念？在“弗莱堡地方建筑公司案”（Freiburger Kommunalbauten）中，这个问题

[359] 例如，波兰就使用了善良风俗的概念，就此可参见《波兰民法典》第385条第1款。

由德国最高民事法院（德国联邦最高法院）移交至欧洲法院解决。在一个更早的案件中（Océano 案），欧洲法院就已做出裁决，认为彼时这种管辖权条款是不公平的，脱离了其本土语境，对内国法的解释必须与欧盟指令保持一致。[360] 这就给人一种印象，就是以指令为基础的内国法中的不公平（与诚信）和本土对于不公平与诚信的理解并不相同。然而，在“弗莱堡地方建筑公司案”中，欧洲法院告知德国联邦最高法院，由国家法院根据本国情况来判定某些类型条款的公平与否。[361] 由此，似乎在欧洲法院眼中，不公平条款指令中的不公平与诚信概念皆是一个混合体，就像欧洲协调法根据其定义也是混合体那样。一方面，在德国，诚信为本土法院按照本土传统方法具体说明内国公平观念与内国宪法价值打开了一条通道；另一方面，将由欧洲法院根据发展中的欧洲方法设定的诸多最低标准（或许在未来也是最高标准），事后必须由本土法院按照相同的欧洲方法予以适用。这是一种相当自相矛盾的情况。当然，除非人们承认诚信条款的适用方法必然也是一种混合性的方法。

事实上，人们很可能决定将可在欧洲适用的整个合同法

[360] Joined Cases C-240/98 to C-244/98, *Océano Grupo Editorial and Salvat Editores* [2000] ECR Ⅰ-4941.

[361] Case C-237/02, *Freiburger Kommunalbauten GmbH Baugesellschaft & Co KG v Ludger Hofster Hofstetter and Ulrike Hofstetter* [2004] ECR Ⅰ-3403.

甚或私法看成一个多层次的体系——从高层次往低层次看：像《国际货物销售合同公约》这样的国际公约、欧洲共同体法、二十八个成员方国家私法、现行的地方私法（如加泰罗尼亚私法）——或者看成多元全球体系的一个组成部分。[362]这种做法本身不为这样的形式宪法观念所禁止：某些私法规则纯粹来源于国家，另一些私法规则则源自欧盟（尽管源于欧盟的规则仍是混合的）。换言之，欧洲化与全球化产生的潜在影响较之那些要求发展一种欧洲方法的德国法律学者们所意识到的更加重大，更加难以确定。在许多方面，我们都处于后国家的状态之中，[363]缺乏一种基本规范（凯尔森）处于我们法律金字塔（Stufenbau）的顶端或者没有一种“承认规则”（哈特）来识别属于法律体系的“初级规则”（primary rules）。[364]由此造就的结果是，我们很难确定法律体系的局限性所在。沃格瑙尔（Vogenauer）指出，无论人们如何看待欧洲私法的可欲性，人

[362] cf Gunther Teubner, “Global Bukowina” : Legal Pluralism in the Wold Society', in: Gunther Teubner (ed), *Global Law Without a State* (Dartmouth, 1997),at 3.

[363] See Jürgen Habermas, *Die postnationale Konstellation. Politiche Essays* (Suhrkamp, 1998).

[364] Contrast Canaris, Die richtlinienkonforme Auslegung, 53. 卡纳里斯认为，法律位阶理论只是需要被调整，而法律金字塔的观念必须被进一步发展成为一种“双重建筑”(double building) 观念。

们都会可能赞同发展一种欧洲方法的必要性。[365]但是，这种表述似乎反过来说才是对的。采用一种客观且静态的方法来明确欧洲私法体系及其界限，似乎是不可能的。这得完全取决于人们对欧洲、对欧洲私法之走向，尤其是对欧洲私法应有之走向的看法。由此，在我看来，将自己的体系界定为多层次的欧洲私法体系的一部分，并提出一种有利于欧洲化的私法方法，似乎相当合理。[366]正如对（欧洲）私法做出有利于意思自治的解释也是合理的，尽管没有宪法明确规定当事人的意思自治是私法的基本原则那样。显然，地方主义（强调法系、法律文化等）和普适主义（强调市场、社会正义等），像民族主义和世界主义那样，皆具有强大的意识形态内涵。但是，这并不会让它们的合理性减弱。恰恰相反，任何规范的法律分析方法必然要建立在看待世界的特定方式基础之上。

在我看来，把欧洲合同法界定为一个混合的、动态的、多层次的并可从内部进行研究的体系不仅是合理的而且也是令人信服的。[367]不可否认，合同法的发展趋势是进一步的欧洲化。

---

[365] Vogenauer, Eine gemeineuropäische Methodenlehre.

[366] 基于相同道理，提出一种不利于或者有利于全球化的方法也是合理的。

[367] See Christian Joerges, ‘The Impact of European Integration on Private Law: Reductionist Perceptions, True Conflicts and a New Constitutional Perspective’, *European Law Journal* 1997, p. 378.

伴随《共同参考框架》的出台，[368] 即将到来的（可能近在眼前）对欧盟现行私法的修改，[369] 以及未来可能采用的选择性法律文件（optional instrument），[370] 如果现在我们还未突破，则我们将来也会很快实现这样的转折：合同法律体系较之国家特性将更具欧洲特性，通常的内部视角将会成为一种欧洲视角。欧洲法律方法带来的潜在影响将是多方面的。

一种动态的多层次的法律体系所采纳的方法具有哪些具体特征？在这样的法律体系中，没有基本规范，也没有自裁管辖权（Kompetenz-Kompetenz）来表明立法与其他法律制定应该属于哪个层次的法律。[371] 这也对法律方法同样适用。在所有的四个层次中（国际层面、欧洲层面、国家层面和地方层面）皆有参与者。在每一个层次上，都有不同的参与者（包括法院、立法者或法律学家）扮演不同的角色，而且皆存在不同层级的法律渊源。因此，我们将来（暂时性地）可能会有不同的法律学者在不同的范式下工作：每一个对从内部研究的法律体系为何

[368] 参见下文。

[369] See *Green Paper on the review of the Consumer Acquis*, 08.02.2007, COM(2006) 744.

[370] See Action Plan, The Way Forward.

[371] 有关自裁管辖权的问题，可参见 J. H. H. Weiler, *The Constitution of Europe; " Do the New Clothes Have an Emperor?"and Other Essays on European Integration* (Cambridge University Press, 1999), esp.ch 9.

秉持不同的观点。一方面，将来会有法律学者在日益欧洲化的法律文化中（不仅包括立法和判决，而且还包括法律学术、法学教育和法律辩护技巧）试图在形式上保持国家法与欧洲法之间的区分；另一方面，将来也会有法律学者主张在更为实质的意义上已然存在一种具有国家法效果的共同的欧洲法律体系。

（三）基本价值：社会正义

正如上文所言，除了一种关于法律的理论，我们可能还需要一种欧洲正义理论。我们应该将何种基本价值归于这种新兴体系呢？对欧洲私法的解释该不该只是或主要以便利市场（*favor mercatus*）作为目的？[372] 或者是否应当依循新的《改革条约》（Reform Treaty）所表达的价值——包括赋予与条约规定之价值具有相同法律地位的《欧盟基本权利宪章》——来解释欧洲私法？[373] 抑或是否应当如《共同参考框架》学术草案序言

[372] 这意味着什么呢？欧洲内部市场具有何种特征呢？ See e.g. Miguel Poiares Maduro, 'Strking the Elusive Balance Between Economic Freedom and Social Rights in the EU', in: Philip Alston (ed.), *The EU and Human Rights* (Oxford University Press, 1999), at 449. 就此，亦可参见 2007 年签署的《里斯本条约》第 3 条第 3 款所提出的欧洲“社会市场经济”（social market economy）概念。

[373] 参见《欧盟基本权利宪章》第 6 条。

中所列的价值那样提出另一套崭新的价值？[374]

一个具体的问题是，私法进一步欧洲化本身是否应被视为一种欧洲法律方法背后的价值？长期以来，许多法律学者一直倡导把对国家层面的私法作“有利于欧洲的解释”作为实现进一步融合的步骤。[375]这就意味着，比如，如果荷兰法是欧盟唯一的法律体系，根据欧盟法律，一方当事人使合同谈判终止，则可能应当赔偿无过错一方当事人在此合同谈判未被终止情形下所可能获得的利润（期待利益）。那么，根据这种观念，荷兰最高法院下次审理关于终止合同谈判的案件时就应该放弃其在Plas/Valburg案中采取的政策[376]——它可以这样，因为荷兰规则只是一种判例上的规则，并不以民法典的条款作为依据——限制对信赖利益的赔偿责任，就像绝大多数其他成员国那样。[377]

---

[374] See Von Bar, Draft Common Frame of Reference, pp. 15-36.

[375] See e.g. Christian von Bar, *Gemeineuropäisches Deliktsrecht* (bect, 1996), Vol. 1, p. 406; Kramer, Konvergenz, 81 and E.H. Hondius, *Nieuwe methoden van privaatrechtelijke rechtsvinding en rechtsvorming in een Verenigd Europa* (Knaw, 2001), p. 43.Cf also Nils Jansen, ‘Dogmatik, Erkenntnis und Theorie im europäischen Privatrecht’ *Zeitschrift für Europäisches Privatrecht* 2005, p. 750. 然而，较之纯粹结果的契合，尼尔斯·扬森（Nils Jansen）更加关注欧洲共同的法律概念和法律学说的形成。

[376] Hoge Raad 18 June 1982; *Nederlandse Jurisprudentie* 1983, 723, note Brunner, *Ars Aequi* 32 (1983), 758, note Van Schilfgaarde (Plas/Valburg).

[377] See John Cartwright & Martijn Hessenlink (eds), *Precontractual Liability in European Private Law* (Cambridge University Press, 2008).

尽管如此，基于相同道理，拒绝接受诚信谈判义务的英国上议院，应该放弃它在 Walford v. Miles 案中的判决，接受先合同之诚信义务。[378] 我个人比较赞同一种温和的说法，支持像这样一种有利于欧洲的解释规则，但是我知道这将会是存在争议的。[379]

六、结语

欧洲法律学者们应该做些什么？在本章中，我已经分析了法律方法与欧洲私法之间的关系。在此，简要总结本章的主要观点。

法律学者不应因缺乏理论而心感愧疚，试图去模仿自然科学。若科学被狭隘地界定为实证科学，那么顾名思义，如果不彻底改变其本质的话，法学就不可能是一门科学。自然科学产生的知识类型与法律学者产生的知识类型在认识论上并无区别，与此同时，传统法学研究（从内部视角出发）与诸如经济分析法学之类的“法律与 ×”研究（外部视角）之间也并不存在这

[378] *Walford v Miles* [1992] 2 AC 128.

[379] 关于这种解释方法的最佳例子，可参见 *White v Jones* [1995] 2 WLR 187。英国上议院高夫大法官在必须确定一个涉及第三人权利的该案中借鉴了包括德国法与荷兰法在内的诸多欧洲法域的经验。

种区别，在研究国家法与研究像欧洲法那样更具国际化特点的那部分法律之间，也是如此。任何现有的分歧皆与为了回答法律问题而设定的研究议题、采行的不同的方法和实践有关。这些问题中的每一个问题和回答该问题的传统或非传统方法，从一种学术视角来看同样都具有正当性——在这个意义上怎么都行，尽管从社会、文化或经济的角度来看有些问题被恰当地视为较之其他问题更为重要。

就某种欧洲法律方法展开辩论是一个不错的主意。这主要不是因为它会让欧洲私法学术研究看起来更加科学，而是因为对规范科学的方法进行辩论就必然要对其规范性假设进行辩论。换言之，围绕欧洲法律方法的辩论与围绕欧洲法中社会正义之可欲性的辩论将存在诸多共同之处。欧洲法律方法的观念至少体现为两个政治维度。第一个维度是关于何人意在向他人行使权力。第二个维度是关于这种共同的欧洲法律方法应以哪些基本价值作为基础。

采取两种相辅相成的方法，私法的欧洲化逐渐模糊了内部视角与外部视角之间的界限，这两种视角皆具有各自适当的方法。首先，在发展多层次体系的过程中，该体系的外部边界在何处，尤其是共同体法与国家法之间的边界，目前尚不清楚。其次，基于不那么形式化的法律文化，（过去的）外部视角现在更容易获得重视而且愈发被作为政策考量因素发挥着作用。

至少在欧盟诸机构采纳《共同参考框架》之后，欧洲合同法才可被认为是一种发展中的可从内部视角进行研究的多层次体系。在我看来，任何欧洲法律方法都应该契合这种动态的多层次体系的（混合性）特征。

书评一：欧洲法律文化的新趋势

高鸿钧*

自近代以来，西方法律文化在世界法律园地中取得了优势地位，并通过各种途径被移植到全球各地。毫无疑问，西方法律文化的根基在欧洲。它融合了古希腊的自由精神、古罗马的法律理念、基督教的信仰和日耳曼的习俗，经过文艺复兴、宗教改革和启蒙运动的洗礼和升华，得以凝结成人们的法律信念，并体现为法律的概念、规则和制度。几百年来，欧洲格局和各国的情况都发生了巨变，欧洲的法律文化也经历了深刻的变化。阿姆斯特大学法学教授马丁·海塞林克所著的《新的欧洲法律文化》一书，就以简练的文字描摹了欧洲法律文化的新趋势，提供了许多新的重要信息，包含了诸多颇具启发意义的洞见。

在该书中，作者描述了传统欧洲法律文化，阐释了当代美国法律文化的主要特征，分析了欧洲私法从形式特征到实质气质的转变，进而指出了欧洲法律文化的新特点。作者的核心观

---

* 清华大学法学院教授，中国法学会比较法学研究会会长。

点是，欧洲私法正从偏重形式化、教义化以及实证主义的进路转向了重实质、重结果的实用主义进路。显然，本书的“传统”是指自由放任时期而不包括此前的古典传统，相比之下，德国学者维亚克尔在《欧洲法律文化的基础》一文中指出，“欧洲法律文化”则是指一个贯穿于欧洲古今法律发展过程的范畴，它的要素是人格主义、法则主义以及理智主义。同时，本书中“法律文化”也不是指通常意义的“法律传统”或“法律观念”，而是指“法律范式”。当然，“法律范式”作为特定社会法律的共识或主要取向，也属于广义法律文化的范畴。

实际上，欧洲法律从恪守形式范式到偏重实质范式的转变并非始于当代，而是发生在19世纪后期。例如，韦伯就见证了法律“实质化”的目的导向已露端倪，“自动售货机”式的法律形式主义受到了挑战；哈贝马斯关于形式法范式转向福利法范式的分析，也明确指出了这种转变的事实，并分析了背后的原因。这种转变虽然不是由本书的作者所发现，但是这并不表明重申这种转变毫无价值。作者想要传达的一个重要信息是，这种转变之所以“新”，在于它不是发生在民族国家的背景下，而是发生在欧洲一体化的格局下。

在民族国家背景下，与国际经济和政治交往相伴随的国际法只涉及主权者的意志，而基本上不涉及文化或法律文化问题，因为文化或法律文化是主权国家的内部问题。但是，在后民族结构的背景下，文化或法律文化穿越了传统国家的领土疆域，溢出了主权国家的“容器”，直接涌入跨国区域或国际社会并影响着跨国的法律整合和全球治理。因此，欧盟跨国区域性法律整合和统一，首先面临的是不同国家文化或法律文化的冲突。就文化而言，虽然欧洲各国共享基督教文化，但其内部却存在着天主教、新教和东正教文化之别。就法律文化而言，在欧洲法律的整合过程中，直接面对的是德国和法国等欧陆国家法律文化与英国法律文化的冲突。在欧陆各国之间，也存在着拉丁法律文化与日耳曼法律文化的冲突。同时，欧盟扩展中先前属于社会主义国家的入盟，更使得欧盟一体化所面对的法律文化呈现更为多元之样态。无视这些文化和法律文化的差异和冲突，欧盟的书本之法就难以成为行动之法。

作者认为，这就有必要弱化法律的形式化的倾向，而转向重视实质的范式，因为这种转变有助于穿越各国以国家为中心的法律实证主义和民族主义，从而推进欧盟法律一体化的速度；有助于摆脱各国本土的法律概念和教义化的法律规则，从而在欧盟的层面灵活地回应各种当代复杂问题；有助于协调欧陆法与英国法之间的冲突，并促进欧陆法与美国法的交流和沟通。作者明确指出，推动这种转变的不是各国的立法者、法官和法学家，而是欧盟的指令、欧洲法院的判决以及比较法学家的努力。与此同时，本书作者在关注上述转变的同时，也指出当今欧洲出现了反向趋势，即新形式主义的趋势（如欧洲私法统一过程中的法典化），而处在社会转型过程中欧盟的新成员国也更加强调法律的确定性、稳定性和系统性。法律的形式之维与实质之维之间的紧张关系，反映了法律的普遍性与特殊性之间的内在张力，也折射出正义的内在张力，即如何做到同等情况同等对待，不同情况不同对待？

在当今时代，作为法律跨国整合和统一的欧洲法律一体化，既推动了法律全球化的进程，也受到法律全球化的影响。欧洲法律的一体化，除了旨在协调、整合和统一欧洲各国之间的法律冲突，还潜含着全球战略的谋划，这就是如何以欧洲整体的力量加入法律全球化的进程，扩展欧洲法律在世界的影响力，推动全球法律的欧洲化，从而在全球范围与美国争夺“法律市场”。根据美国学者邓肯·肯尼迪《法律与法律思想的三次全球化》一文的考察，在过去的一个半世纪中，西方法律和法律思想的发展可以分为三个阶段：一是1850—1914年古典法律思想的兴起，主导者是德国；二是1900—1968年社会法律思想的得势，主导国是法国；三是1945—2000年实用主义政策分析进路与新形式主义的并存，主导国是美国。在这几个阶段，不同范式的西方法律和法律思想在全球范围得到了传播。从广义的法律全球化来说，第一阶段和第二阶段的全球化的法律和法律思想主要源自欧陆，而第三次的全球化的法律和法律思想则主要来自美国。毫无疑问，新的欧洲法律文化很大程度受到美国法律文化的影响。然而，作者未能从当代法律全球化的大格局来观察欧洲法律文化的新趋势，可谓一个缺憾。本书的另一个缺憾则是，作者对于欧洲私法领域晚近发展着墨较多，而未能适当关注当代欧洲公法领域——特别是人权和宪政领域——的变革。此外，作者虽然敏锐捕捉到了欧洲和美国法律文化的许多新趋势，但多限于现象学描述，而缺少整体的范式性提炼和系统的理论分析。

当然，笔者指出本书存在某些不足，并无意否定它的有益探索和学术价值。此外，本书译者所贡献的严谨的译文和所添加的许多学术注释，为本书增色不少。在当今这个浮躁的时代，译者这种扎实的专业功底和认真的负责态度，实在难能可贵。

书评二：法律的衣装与内核

吴　越*

当正在荷兰留学访问的博士魏磊杰博士将海塞林克《新的欧洲法律文化》的译稿发来时，笔者立即就被该书的内容所深深吸引。一口气读罢这十二万余言的精悍之作，我的第一印象是：要快速了解欧洲大陆与美国法律文化的异同，这无疑是一部值得推荐的信息量极大然而又十分简约的著作。

本文沿着海塞林克教授的思路，对该书的内容作一简要描述，然后本着比较法学应有之义，对中国的法律文化中出现的一些新动向作一番思考，一图抛砖引玉，二为海塞林克教授的比较法研究作一个蹩脚的中国注脚。

一、欧洲传统法律文化与当代美国法律文化的巨大反差

海塞林克教授首先指出，欧洲传统法律文化的核心是教条

* 西南财经大学法学院教授，欧盟法律研究中心主任。

（教义、信条，即 dogma）主义基础之上的以法律演绎推理为主调的法律实证主义 (legal positivistism)，它因此也是形式主义的。当然，无论是法律教条主义、法律实证主义、还是法律形式主义，都有一个重要的假设或者说前提：即一国的法律，尤其是私法——以私法的核心部分（在欧洲大陆法系国家主要是指民法典）为代表——具有全面性和内在和谐性，民法典也因此成了“逻辑推理的起点”。言下之意是，只要我们将事实和问题（诉求）告诉任何一个法官，那么法官对法律和事实进行推理之后，总会得出“唯一正确”的答案。

由此看来，欧洲传统文化还有一个更为重要的前提：人们普遍信仰议会制定的法律，以至于法律成了圣经、教条。至于法律为何被信仰，答案当然是法律是民众自己选举的代表制定的，代表了绝大多数人的意志。正因为如此，法官也必须绝对服从法律，法官的主观能动性受到限制，作者认为，这正是民众认为欧洲国家的议员的作用大于法官的作用的重要原因：“虽然这些最高法院的法官在未来法律发展过程中将会扮演至关重要的角色，但无论议会抑或大众传媒实际上并不会过于在意那些候选人的政治倾向，毕竟在他们的眼中，法院的法官只不过是追求客观性的专家而非政治活动家。”法官对政策和大众的影响也因此远远不如议员和政府官员的影响大，因为法律实证主义要求法官只扮演法律的传声筒角色，而不是政策制定者角色。

与此相应，欧洲传统的法律教育也是教条主义式的。作者指出，“就欧洲各国的教学所使用的材料而言，教科书通常与法典的评注非常相似（或事实上就是法典评注）。有时，一部书，起初可能被充当讲授目的的教科书，但事后可能获得类同于法典评注的权威地位”。学者们也以自己的法典评注能够获得法院的认同与引用为荣。反之，真正意义上的案例教学法则很少采用。教师们授课时所使用的例子也往往是虚构的例子，而非真正的先例。

总之，可以用“教条”“实证”（法律推理）甚至“保守”之类的辞令来形容欧洲传统的法律文化，这是一种议会法律至上的法律文化。反之，可以用“怀疑”“激进”和“求变”来形容当代美国的法律文化。与欧洲传统法律文化的根本差异在于，美国的法律文化具有很强的功能主义色彩，也即美国法律文化是以结果为导向的，从结果来“倒推”法律（应当）是什么，而欧洲传统法律文化则是典型的法律文本至上。美国的“法律现实主义者”奉行规则怀疑主义（rule scepticism），也即“认定不可能凭借一种不偏不倚的推理方式将规则适用于具体个案”。他们还发起了“反法律形式主义运动”，而这一运动的大背景则是美国当时的“总体知识风气的一个重要组成部分”。

正因为当代美国的法律文化奉行“现实主义”“功能主义”或者说“结果至上”，才因此出现了司法中对现有法律状态的普遍怀疑主义，不仅如此，无论是法官、法律学者还是民众看待法律时，都认为法律并非是价值中立的规范，而是带有政策倾向性的，也即是说，法律总是在维护这部分人的利益或者那部分人的利益，既然如此，也就不存在一成不变的可以奉为圣经、教条的法律。相应地，美国法官在社会中的作用和大众心目中的权威远远大于他们的欧洲同行，因为在美国，法官同样可以改变政策，法官的判决同样可以影响到每个人的日常生活与决策。

与此同时，由于美国法律文化抛弃了法律教条主义，法官为了获得一个更加公正的司法判决或者为了实现更好的社会效果（功能），往往采用了跨学科的研究视野，如法政治学、法经济学、法社会学等。在美国，人们甚至为波斯纳这样的法官到底是法学者还是经济学者而展开争论。海塞林克教授形象地将这种研究方法称之为“法律与 ×”。海塞林克教授如是说道：“他们对于规则适用之具体结果的实用主义式的关注、他们对于法律所持的外在视角与批判视角以及他们对社会科学诸学科之间人为设定之界限的摒弃等，为诸如法律经济分析、法社会学、法律与文学、批判法学理论、法律与性别以及法律与种族等不同学科与学术运动奠定了基础。对于欧洲人而言，当打开一本美国的法律杂志时，一种典型的第一反应就是：杂志几乎没有包含一篇关于‘法律’的文章。”

二、传统欧洲与当代美国法律文化巨大反差的原因何在？

按阿蒂亚与萨默斯在1987年出版的《英美法中的形式与实质》这一经典著作中的解释，“抛却它们之间表面上的相似，美国法与英国法实质上存在着很大的不同：英国法律体系是高度‘形式性’的，而美国法律体系则是高度‘实质性’的。首先，在必须做出判决或采取其他法律行动之时，较之于形式推理，在美国法律体系中，实质推理获得了更为广泛的适用；而在英国，情形则恰恰相反。其次，在法律推理方法上的不同反映了在过去的两个世纪里流行于两国的法律式样、法律文化以及更为一般意义上的法律认知（vision of law）等方面两者存在的巨大差异”。

这一结论同样适用于欧洲大陆与美国法律文化的差异。人们不禁要问，传统欧洲与当代美国的法律文化为何出现如此巨大的差异？为此，海塞林克教授梳理了几种答案。

一是阿蒂亚与萨默斯依据两国法官对各自国家其他机构良性运作的信任程度而提出了一种合理解释。阿蒂亚与萨默斯认为，“针对法律与政治体系其他部分功能运作而做出的推定，英美两国存在根本性的不同：对于政府组织的其他部分以及所属公务人员自身的良性运作，英国法官一般都高度信任；而反观美国，这种对于政府组织的其他部分以及所属公务人员的信任通常付之阙如”。言下之意是，既然我不信任你们（的政策和做法），那我就可以通过法律实质主义的方法来改变。

二是欧洲极权主义的教训强化了大众对议会制定的法律的权威作用，从而限制了法官能动适用法律的空间。邓肯·肯尼迪认为，“在欧洲，直到近来，一般意识形态领域内的利益冲突较之于美国都更为激烈。自由派（社会民主派）与保守派一直都在捍卫着（政治）中心使其免受共产主义左派以及法西斯独裁主义右派的篡夺——这些派别事实上已经控制着政权或持续威胁夺取政权”。人们希望忠实而保守地操作法律能够再次避免欧洲出现类似两次世界大战那样的灾难。反之，由于美国在这方面有着“历史上的清白”（也即不是两次世界大战和共产主义运动“灾难”的中心），没有这方面的“教训”，因此他们的法律较少遵循立法与司法二者严格的权力划分，法官能动司法、法官制定政策的作用因此就很大。

三是欧洲人对法律的满意度高于美国人。换言之，美国人对法律的期待值更高，因此他们总是希望法律能够（朝着对自己有利的方向）变化。

其实，海塞林克教授总结的以上三种原因无疑都有其合理性，但是笔者冒昧地认为，还有重要的一点背景也需要说明，即美国的“牛仔”精神也是造成欧美法律文化差异的极为重要的原因。众所周知，美国民族是一个不太安分守己、甚至有点放荡不羁的富于张扬个性和创造精神的民族，这种民族精神体现在法律文化上，就是与“牛仔”形象十分吻合的敢于创新和求变的法律文化，因为在“牛仔”眼里，是没有任何框框和形式的，他所追求的就是更新的更为刺激的世界。

当然，造成美国“牛仔”法律文化的原因也是多方面的，如美国本身就是一个移民社会，而且移民还在不断地增加，这大概就是美国法律文化一直流淌着“新鲜血液”的谜底。还有就是战后美国经济一直处于世界领头羊的地位，而这种在政治、经济和军事上的领先地位，也在一定程度上助长了美国法律文化的开放性、扩张性和对法律形式主义的摒弃。

三、欧洲法律文化的变迁

当然，诚如该书作者海塞林克教授所言，以上对传统欧洲与当代美国法律文化的差异性描述也仅仅是轮廓性的，还不能准确地反映两大法律区域各自的真实面貌。

其实，欧洲的法律文化也并非是一成不变的，事实上它也一直在静悄悄地变迁，只不过这种变迁属于渐变，不如美国那么具有革命性而已。不仅如此，德国的、法国的、英国的与荷兰的法律文化也有着细微的甚至较大的差异。

欧洲法律文化的变迁体现在对传统的法律教条主义与法律实证主义进行逐步的改良，从而适应欧洲一体化和社会形势的变化。在欧洲私法领域，总的趋势就是正在实现从形式到实质的转变。

作者认为，尤其是欧盟推出的各种指令对各成员国原有的封闭的私法系统带来“破坏性”的冲击。典型的例子就是欧盟有关消费者保护的各项指令。因为欧盟所颁布的消费者保护若干指令只是要求各成员国应当采取措施（通常就是修改法律）以保障各成员国的消费者保护处于同一水平之上。由于各成员国在私法的核心领域的差异较大，因此消费者保护指令无疑“破坏”了各国私法（尤其是民法典）的原貌与相应的内国性的、故步自封的法律教条主义思维模式。

当然，这并非是说当代欧洲的法律文化已经完全放弃了法律教条主义与法律形式主义。反之，对法律形式的追求努力从来就没有停止过。

首先，是伴随着欧洲一体化的进程，欧盟也出现了软法。“效仿美国法律重述，一些非官方性质的编纂委员会草拟了各种各样的法律通则。现在，不仅存在《欧洲合同法通则》，而且还有《欧洲信托法通则》《欧洲侵权法通则》以及正在制定中的（被冠以‘欧洲民法典’项目这个有些误导性的名称之下）《欧洲综合财产法通则》。”海塞林克教授还认为，“这些通则并非形式意义上的法律；它们的成功完全建立在其实质上的质量与权威之上。此类通则的草拟在很大程度上采用了功能性的法律研究方法；借助于此种方法，草拟人员找到诸多功能性等同物所具有的共同核心”。

其次，从长远来看，欧洲的法学家们还致力于制定一部《欧洲民法典》。其实，可以认为上述“软法”就是制定法典的阶段性成果。

四、当代中国法律文化的变迁：一个蹩脚的注脚

欧洲式的法律教条、法律实证与法律推理与法律形式主义，美国式的法律实质主义、“规则怀疑主义”以及“法律与×”运动（法经济学与法社会学的兴起）对中国而言有什么启示意义？本着“比较法学研究”的立足本土的应有之义，笔者试图为海塞林克教授的结论添加一个蹩脚的中国注脚。

笔者认为，我国的法律文化，也正在经历着一次由法律教条主义与形式主义到法律实质主义、规则怀疑主义的悄然变迁，或者说中国的法律文化尤其是司法文化正在由法律推理转变为以追求更加公正合理的社会效果的法律功能主义，也即在某些领域，中国的法官也正在由结果来“倒推”法律。

这种变迁集中体现在民事和刑事两大核心领域。在民事法

律领域，针对“同命不同价”现象，各地法院今年的一系列判决表明，法官们不再被已经不适应形势的死亡赔偿标准所约束，而是从实质正义出发，开创了一系列的先例。不但死亡赔偿中的“同命不同价”现象得到了纠正，而且死亡赔偿的数额也呈现大幅度上升趋势。再如，在著名的北京宋庄画家村小产权房纠纷中，法院甚至刻意避免对小产权房的合法性表态。而众所周知，按照《土地管理法》，“小产权房”本来就是“非法”的。这些例子表明，法官们在一些领域已经抛弃了法律形式主义，而转向了法律实质主义。

在刑事法律领域，同样也出现了一些摒弃法律形式主义而转向法律实质主义的迹象。在这方面，对交通肇事者和污染环境者的行为定罪和量刑最具有代表性。有迹象表明，对于情节特别恶劣的交通肇事行为，有被认定为危害公共安全罪的迹象，而对情节恶劣的环境污染行为，也有被认定为投毒罪的倾向。这些判决表明，中国的法官，至少是部分法官，也并非仅仅是单纯的“法律传声筒”，他们通过这些判决不但抛弃了法律形式主义，而且也担当起了政策制定者的角色，从而赢得了更多的社会认同。

那么，为何中国的法律文化中也出现了在遵循法律教条主义与法律形式主义的原则之下的法律实质主义或者说规则怀疑主义呢？

笔者认为，原因当然也是多方面的。首要的原因当然在于司法在网络社会条件下面临着更大的舆论压力。正是在强大的舆论压力之下，司法才在一些热点领域不得已抛弃了僵化而保守的法律教条主义。为什么中国的民众也许比欧洲人和美国人更加乐意对法官应当如何判案“指手画脚”呢？这或许是因为我们的许多现有法律还有很多不公正的因素，或许也是因为我们的许多法律在实施过程中还有太多的法外因素，而期待更加公正的司法的呼声在网络社会无疑被放大了。

除上述原因外，政府追求和谐社会的决心与理念，法官追求能动司法的社会责任感的增强、法学研究与比较法视野的影响等也在一定程度上促进了上述变迁。有必要指出的是，一些学者担忧由于长期以来中国社会缺少对法律的信仰，在民众和媒体强烈“干预”下的法律实质主义文化（即“媒体审判”或者“舆论审判”文化）有可能反过来进一步损害中国的制定法的权威，这是中美两国的“法律实质主义”的根本区别所在。

不过，从更加广阔的背景来看，上述变迁并非意味着中国的法律文化已经朝着美国式的牛仔法律文化演变。尽管从某一时期或者某个地方来看，中国司法的功能主义色彩很是强烈（如宽严相济的刑事司法政策、当下金融危机下的为大局服务的司法理念等），但是从整体上说，中国的法律与司法文化还是以欧洲式的法律形式主义与法律教条主义为核心的。例如，单单在民事法律领域，官方与法律学者一直都在努力制定一部中国民法典。再如，从中国法律与司法文化的历史来看，行政权力一直处于强势地位，司法则相对处于配角地位。这种文化特色则是美国与欧盟都不具备的。

中国的法学教育，也大抵如此，基本上以法律教条主义和法律形式主义为主。不过近年来，美国式的法经济学教学与研究方法在中国也正在被逐步推广。

因此，从整体上看，中国的法律文化与欧洲传统的法律文化距离较近，而距离美国当代法律文化则较远，尽管中国与欧洲的法律文化存在的差异更大，尤其是在涉及人的基本权利的法律领域。

五、原作、译作与译者

如前所述，这是一部十分简明然而信息量又很大的著作，准确地说，这是一篇长篇的学术论文。原作行文十分简明，但是注解却十分丰富，可谓旁征博引。作者对欧洲与美国法律文化的梳理与结论，对于初学者而言可谓是一部纲领性的入门著作，颇为值得一读。

当然，正因为它比较简略，而文章的题目与视野又十分宏大，因此对一些结论，作者没有余地进行展开详细论证。例如，作者提到《美国统一商法典》与其主要起草人卡尔·卢埃林与美国现实主义法律运动的关联，但是没有详细说明。

针对原作中的这些美中不足之处，译者做了大量的译注工作。不仅如此，译者还对原著中的某些可能过于简单化的观点通过译注的方式进行了纠正。

此外，整个译作文笔通顺，用词考究，忠实地再现了原作的风貌。尤其值得赞赏的是，针对译作中大量的德文、法文、意大利文、荷兰文等小语种文字，作者特地请各路好手进行翻译，这无疑体现了译者的严谨态度。因此，尽管文章的极个别词句可以翻译得更好，但从整体来看，这无疑是笔者接触到的一部较为上乘的译作。

2009年9月1日晚于成都市光华村寒舍

2009年9月2日晨修订

书评三：欧洲私法演进之方向

陈爱娥*

马丁·W. 海塞林克原著，魏磊杰译注之《新的欧洲法律文化》，是一本从私法角度出发来探讨欧洲法律文化之未来的著作，笔者身为公法学者，却被要求来评介这样的著作，实在诚惶诚恐；译注者邀我承担如此任务，想来是因为我先前曾经参与翻译 Franz Wieacker 的《近代私法史》，因此认为我对欧洲私法的历史不致太过陌生之故。无论如何，个人认为，即使是公法学者仍然可以由《新的欧洲法律文化》一书得到甚多启发。一方面，因为此书虽然主要以私法作为观察对象，但其主要关怀显然在于探求整体法律运作的基本逻辑何在？质言之，在法律生活里扮演决定性角色的究竟是“形式上的论据”还是“实质上的论据”？或者换一个说法：做成法律决定时主要应该考虑的究竟是以法律文本代表的“官方话语”还是法律决定应该实现的政治、经济、社会、文化等“外在视角”？此类探讨绝

* 台北大学法律学院教授。

非私法领域所独有。另一方面，无论是形成“传统欧洲法律文化”（本书第一章）的各个面向，或是新近影响“欧洲私法：从形式到实质的转变”（本书第四章）的各个因素，在公法领域都可以发现类似的轨迹。

支配《新的欧洲法律文化》的讨论轴线显然是形式主义与实质主义的论辩。综观全书，原著者对于实质主义的立场显然相当倾心；然而，其始终不断地，清晰地维系住已确定之讨论主轴的论述方式，却还是清楚显示传统欧洲法律文化强调体系思维的风格。明确地说，原著者从各个应观照的面向（立法者、法院、法律学者、法学教育）出发来说明传统欧洲法律文化的形式主义倾向（第一章），继而简要指出，美国法律现实主义代表之实质主义立场在美国获致的成功（第二章）以及欧洲之法律现实主义在欧洲未竟全功的不同机运（第三章）；作了如斯的欧美对比之后，本书转入原著者真正关怀的重点——同样由各个应观照的面向（欧盟指令、欧洲法院、法学者进行之比较法与跨学科的探讨、非形式意义之法律的“软法”、泛欧洲之高等教育区域的理想）等对于传统欧洲法律文化的冲击（第四章）以及因前述冲击可能带来的“新的欧洲法律文化”（第五章）。除了讨论的轴线极为清晰之外，原著者虽显然博学多闻，但仍以简洁易解的言语进行叙事，这点实在值得推崇。

假使一定要指出《新的欧洲法律文化》一书的不足之处的

话，恐怕只能说：原著者本于其立场抉择，对于“传统欧洲法律文化”强调之形式主义特征（这包含：强调法律文本的“内在的视角”、体系性思考、抽象概念的运用、演绎型的思维方式、对客观性的追求）本身具有的重大“实质”功能，不无过度轻忽之嫌；虽然原著者在本书第五章第四节（“形式主义的价值”）里还是论及，“形式主义法律方法承载着效率、平等、民主以及文化认同等重要价值”，但仍然还是不无一笔带过之嫌。此外，从另一个面向来说，《新的欧洲法律文化》对于采取实质主义立场时，要如何在一定范围内确保法律适用的公平性（这是“法治”的根本性价值），而不致恣意捡择法律之外的政治、经济、社会、文化等“外在视角”，也鲜少说明。虽然如此，原著者强调，法律形式主义者的论述欠缺“透明性”，质言之，不清楚显露其实质价值决定的抉择一点，确值深思。无论如何，就原著者论述的初衷而论，必须肯定本书是成功之作。明确地说，原著者先是足够清晰地交代了“传统欧洲法律文化”的各个面向，以此作为探讨“欧洲私法”的背景；此外，其进而由立法、司法、法律学者与法律教育等各个面向观察“欧洲私法”的转变，不仅照顾的面向足够广泛，说明也足够深入。至于因立场的抉择导致论述重点置重不同，本就不应苛评。

评介一本译著，不外由原著与译文两个方向着眼。笔者先说明、论述对原著的理解，绝非轻忽译文的贡献，毋宁是基于对翻译工作之本质的理解。笔者认为，译者是原著者与译文阅读者之间的桥梁；译文阅读者能够无甚障碍地理解原著者，正是译者的勋奖。本书译注者成功地发挥了媒介原著者与译文阅读者之间的功能；应该明白指出，笔者在清秋周末流畅地读完本书，实在是愉悦的经验。最后还应该表明，译文之外加添的诸多译注，不仅显示译注者对译文阅读者的体贴心意，也充分表露译注者的专业素养。

2009 年 10 月 12 日于台北大学法律学院

初版译后记

翻译的这本小书杀青之时，恰为我到荷兰蒂尔堡大学访学的第九个月的结束之日。或许平常紧张而有序的生活与学习节奏，让我很难静下心来细细梳理过去二百七十多个日日夜夜的心路历程，只是偶然间翻阅一下流水账般繁简不等的日记，才可模糊地重新捡拾起过去某个时段的经历种种。在外人看来光鲜无比的留学生活，或许只有亲历之人才能真正明白其间的冷暖甘苦。当然，或许经历本身就是一种无形的财富。无论是主动地体验抑或被动地遭受，只要切身经历过，就可能从中获得某种或多或少的体认与感悟，而这种体认与感悟，对于一个人的成长与成熟甚至未来更为从容地走稳走好自己的人生之途无疑大有裨益。我一直认为，出国留学本身最大的意义，或许并非可借此机遇获得某些有形或无形的利益，而是它能为行为人提供可充分认识自我进而反省自我的一种绝佳的时空场域：坐拥整块可自由支配的大量时间，无须受制于诸多无可奈何的“营营”之事，纠缠于似乎无穷无尽的“枷锁”之中，在这种理想的“自由”状态之下，或许至少可以心无旁骛地整天泡在图书馆，饱读自己感兴趣的任何文字，思考自己从来没有（认真）思考过的问题；或许至少可以随心所欲地长久坐在电脑前发呆，坦诚地与另一个自己进行无拘无束地心灵对话——为应对来自异域文化之各个层面的冲击与挑战，而主动或被动地进行渐进式的自我调适、探索、反思以期更为真实更加清楚地剖析自我、认识自我进而驾驭自我，最终达致一种更理性更有效率的生活样态与心理平衡。

在很大程度上可以说，一个人成长与成熟的过程，或许就是一种不断体认和经历的过程，就是不断奋斗不断克服自身缺点与不足的过程。歌德曾说:“人只有每天不停地创造生活和自由，然后，才配享有生活和自由。”我非常喜欢这句话，或许源于它在一定程度上与我一直笃信的奋斗哲学相契合：只有不断地经历、不断地奋斗，一个人或许才能真正感受到自身的存在，才能更有效率地完善自我进而成就自我；或许只有努力，只有不断地努力，才能得到肯定。秉持此种人生信念，在过去的九个月中，除却大约两周的游历时光，我的整个生活轨迹无疑都是十分单调但却充实的，“查阅”“翻译”“校对”在不经意间成为与家人每每通话之时最为频繁出现的话语。当然，不可避免，在状态不佳抑或心情抑郁之时，自己也会经常质疑并设想出各种理由力图证伪此种生活方式的正当性，但事后便会自感释然，一如既往，重新执拗地继续跋涉于既定的人生之途。或许性格真的决定命运，决定一个人一生要走什么样的路；或许重要的不是奋斗的具体方式和具体目的，而是奋斗本身，已经早已成为一种生活方式的奋斗本身！我常常想，理性地确定一个目标，并通过自身奋斗一点一滴地努力实现它，然后细细倾听奋斗的足音，享受因其实现而带来的快乐与欣悦；事后再确定另一个目标，然后再奋斗，再实现……长此以往，在周期循环的不断奋斗历程中实现自身的成长与成熟，这该是一幅多么美好多么完满的生活愿景啊！人生如若如此，夫复何求！！

此书是本人在蒂尔堡大学访学期间计划完成三部译著中的第一部。早在 2007 年 9 月，因为翻译授权问题，我抱着尝试的心态以略显稚嫩的英文致函海塞林克教授。没有料想到第一时间即获得了他的积极回应：他不仅慷慨应允协助解决版权问题，而且还主动从阿姆斯特丹寄送一本签名样书给我；作为一种感恩示意，我当即踌躇满志地表示定当尽快完成翻译任务。然而，良好的开端并没有使得整个进程顺利开展下去。伴着随之而来的一连串的事情（赴台访学、办理繁杂的出国手续等），这份承诺不仅没有被及时兑现，甚至被有意或无意地搁浅甚或遗忘。直到 2009 年 1 月，我有幸获得国家留学基金委资助远赴荷兰蒂尔堡大学比较法与跨国法研究中心（TICOM）作为期一年的交流访问，才使得整个事情峰回路转。出国之时，我唯一携带的一本书就是海塞林克教授所赠的那本，目的就在于“逼迫”自己尽快地着手兑现拖延已久的承诺。于是，余下的流程便顺理成章起来：四月底开始翻译——六月初草译完毕全部书稿——八月底完成全部评注与四次校对——九月中旬大体完稿——十月中旬提交出版。

与市面上的多数译著不同，本书除译文外，还包含篇幅不少的译注。之所以如此，并非故作惊人之举，恰恰相反，我只想通过此种方式，一方面，尽最大可能避免“以其昏昏使人昭昭”之流弊，将作者蕴含于文本之中的思想最为真切与完整地表露出来，特别是所增添的诸多背景性知识注释，如若缺少，将很可能导致读者的阅读困难；另一方面，意在践行一种以翻译促研究的“研究型翻译”——通过在翻译过程中阅读吸纳相关主题文献，丰满文本既有架构，稀释甚至纠正文本（可能）存在之偏颇观点，力图将主题所涉各类观点各类语境的整体概貌尽可能客观地加以呈现。同时，对于既有翻译成果，本人也持一种批判性的借鉴态度。因为本书引注丰富，其中涉及多处经典法学著作片段，而这些著作大体已有中文版问世，然译者并未为节约“成本”计，直接照搬这些译作，而是在对照英文原版的基础上，进行了有选择性地接纳与整合。以此，一方面，可最大限度地不盲从前人，确保翻译质量；另一方面，也可借以实现整部译稿文风的统一；最后一点需提到的是，对于专有名词（人名与地名为主）翻译的处理方式：在译出对应汉字后，仍保留其外文表达。专有名词的翻译是译者经常忽视的问题，以英文表述的专有名词，尚且容易处理，但对其他以非英文表述的名词，因字母发音的迥异，常常导致同一人（地）在此书中被译成这样，而在彼书中却被译成那样。由此可能导致读者往往不易在不同译作之间实现认知的良性对接，进而影响整体的阅读效果。采用此种处理方式，将可最大限度地弱化甚至避免这个问题。

原书虽以英文写就，但其间（尤其注释部分）夹杂了颇多德文、法文、荷兰文以及意大利文表述，对于仅通晓英文的译者而言，这无疑是横亘在成功面前的巨大障碍。如非有幸获致以下诸位师长和学友的大力协助，相信此次翻译定会因此实难突破之瓶颈而胎死腹中。首先，最大的谢意致以北京智正律师事务所柯伟才律师——他草译了本书所有以法文和德文写就的说明性注释。柯律师通晓英、日、德、法等四国语言，先后将德国法学巨擘冯·耶林的两部经典著作《罗马私法中的过错要素》《法学的概念天国》译成中文出版，功力深厚，可见一斑；其次，感谢法国埃克斯·马赛三大（Universite d'Aix-Marseille III）诉讼法学博士施鹏鹏学长——他翻译了本书正文涉及的所有法文片段。施学长为人谦和、学力精深，通过邮件曾与他进行过几次交流，均给我留下颇佳印象；再次，感谢正在德国康斯坦茨大学（Universität Konstanz）作“洪堡基金学者”的河南大学法学院吴泽勇博士以及毕业于南京大学中德法学研究所，现在瑞士苏黎世大学（Universität Zürich）攻读法学博士学位的史广龙学友——他们以其各自深厚的德文功底、精湛的专业素养、认真负责的态度分别审读并完善了柯律师的德文草译稿，使得我可在比照两份校对稿的基础上，最大限度地确保德文注释部分的翻译质量。基于同样理由，同样真诚的谢忱敬献于法国埃克斯·马赛三大国际法与欧盟法中心公法学博士、中国台湾地区政治大学法律系助理教授许耀明先生——他以出乎意料的高效率审读并完满修订了柯律师的法文草译稿；最后，感谢正在罗马二大（Tor Vergata）作访问学者的厦门大学法学院齐云博士与蒂尔堡大学（ Universiteit van Tilburg）法学硕士候选人Jolanda van Eekelen小姐——他们分别为我翻译了本书所涉的所有意大利文和荷兰文表述；最后但却非最不重要的是，感谢正在英国阿伯丁大学（Universitas Aberdonensis）攻读法学博士学位的韩永强学弟——在校对的最后阶段，他为我处理了多处甚难解决的英文和拉丁文表述，他的出色工作使得整个翻译计划的完成提前了整整一周，让我刹那获致了一种轻舟已过万重山的感觉。

清华大学法学院高鸿钧教授、西南财经大学法学院吴越教授、台北大学法律学院陈爱娥教授不仅在认真通读全稿的基础上提出诸多颇有价值的修订意见，同时更为重要的是，亦拨冗分别从各自不同治学角度为此书撰写了切中肯綮、见解独到的推介性评论，此当为本书最大之亮点。三位教授不仅在各自研究领域内素有甚高威望，同时亦皆为汉语法律翻译界的翘楚级人物。今朝有幸一并获得他们三位之抬爱，诚为本人（书）可引以为豪的莫大殊荣。

感谢蒂尔堡大学比较法与跨国法研究中心主任扬·斯密茨教授（Jan M. Smits）、比利时根特大学法学院马克·范·胡克教授（Mark Van Hoecke）在留学期间对我的关心与照顾；感谢上海交通大学凯原法学院韩长印教授对我长久以来的宽容与教诲；感谢中国人民大学法学院彭小龙博士、上海交通大学凯原法学院樊玉成博士、河南大学法学院郭绍敏博士、台湾政治大学中文系研究所黄庭颀小姐为查对本书所涉著作之中译本所付出的辛劳；本译稿完成后，承蒙蒂尔堡大学法学院私法学博士候选人付俊伟学友、美国加州大学伯克利分校法经济学博士候选人张巍学长审读并提出诸多有益之修订意见，再次谨表特别谢忱；朱淼学妹为本书之完稿做了大量后期目录编辑、文字校对工作，谨此一并致以真挚谢忱！

真诚感谢中国法制出版社舒丹编辑大半年以来的信任、支持与鼓励，对于这本小书的最终问世，这无疑发挥了极为重要的推动作用。

鉴于本人学力有限，虽经多次校对审核，拙译仍可能不可避免地出现某些疏漏与偏差，谨此尚祈各位读者先进不吝批评指正为是，译者（E-mail: weileijie99@126.com）将不胜感激。

魏磊杰谨识

2009年10月16日草就于荷兰蒂尔堡

10月20日修订于法国巴黎旅次

增订版译后记

但凡经典名著，大多短小精悍。海塞林克教授的杰出之处，就在于依托短小的篇幅，透过纷繁复杂的文化现象，系统提炼出以欧陆为代表的大陆法系法文化在全球化、欧洲化以及社会福利化的联合冲击之下所表现出来的崭新样态、特征以及未来可能的发展趋势。如果说亨利·梅利曼所著的《大陆法系》是对战前两百年欧陆法文化典型特征的精致呈现，那么马丁·海塞林克此书则意在系统勾勒战后至今欧陆法文化变迁与演进的整体图景。两部著作交相辉映，共同为我们提供了一幅可堪涵括大陆法系过去与现在的相对完整之拼图。

此书主要从两个层面对欧洲法律文化的整体样态做出了阐释：其一,一种新的欧洲法律文化正在形成；其二，较之欧洲当前存在的诸内国法律文化，新的欧洲法律文化明显不那么形式主义，而愈加朝向一种注重实质效果以及实用主义的样态演进。事实上，这种趋势是欧陆诸国进入后现代社会阶段之后，特殊的社会存在客观上要求法律思维与法律治理技术与时俱进使然。换言之，在力求解决“社会国”的社群主义、集体主义预设与“法治国”的个人主义、自由主义预设之关系这一历时性问题的过程中，欧洲的法律人同时又面临着来自世界经济一体化和欧洲联邦主义勃兴这些共时性问题的挑战。在这种特殊的历史构造之下，“解法典化”“宪法私法化”以及“法律联邦化”等相互交叠、相互作用并在某种程度上相互转化的诸态势，在实质意义上皆可被涵括在欧洲法律治理范式大转型这一整体“公转”的射程范围之内。

阅毕此书，除却智识上的增益与视野上的实质扩充，或许大多数读者还会更进一步提出如此的疑问：这本描述后现代欧洲私法现状的著作对于仍处在法治现代化进程中的当下中国的意义又在哪里？虽然彼此身处的语境不同，指陈直接的借鉴价值，多少会显得牵强，但本人仍愿意借此机会谈一下我所理解的此书的“中国意涵”。

一方面，在本书中，海塞林克教授虽然认为异于传统教义学模式的一种新的欧洲法律文化正在形成，且欧洲诸内国私法正在受到此等解形式化趋势的重大冲击，但他并未由此赞同甚或转向从外部视角（如“法律与×”研究导向）对此进行回应，相反，其仍从传统的内部视角对所谓的“欧洲私法”与“欧洲法律方法”之应然状态进行理论建构。或许在他看来，传统教义法学与现代社科法学之间的竞争，并非分别源自欧美的两种法律话语权之间简单的零和博弈，而更多的应当是在分清主次之后如何达致良性互补的问题。本质上，这与他的荷兰同事扬·斯密茨教授在《法学的观念与方法》一书中表达的学术立场基本类似：法学之根本始终在于教义式的阐释与规范性的判断，外在的“渗入”扮演的只能是强化而非替代角色。既然身处后现代的欧洲法学精英仍旧如此“执著”于传统，那么作为大陆法系之后进成员的我国在继受此等传统时更应“萧规曹随”。在法典编纂之后，以严谨的法学体系和严格的甚至单向度的教义式解释方法，促使现代法的观念在本土社会生根发芽。虽此等解释最初往往僵硬，但社会变革的价值取向，客观上要求为贯彻一种崭新的制度，为固本培元，就必须如此。当然，伴随社会发展，此等严谨体系的法解释带来的负面影响可能会阻碍社会与法律适用的同步发展。此时法律人就需要突破僵化的教义法学羁绊，吸纳社科法学的研究成果，将绝对化的法律体系相对化以寻求自由发展的空间，并借助审慎的利益衡量给出一个相对客观的并在本土社会内可行的判定，进而渐趋达致法律解释与法律学说的本土化。对于当下中国而言，这或许才是教义法学与社科法学最为理想且最为可行的角色定位。

另一方面，文化概念作为一种区分的方法，主要用以描述不同群体或不同传统之间的差异。这就意味着部门法学者如欲系统阐释所属法域的法文化，就必然需要跳出教义法学的概念天国，将目光投向促发主流思潮与关键制度发萌、变迁乃至消亡的社会脉络与政治逻辑中，运用其他学门的知识储备对它们进行深度检视。在很大程度上，海塞林克教授在本书中所展现的强悍文献梳理能力与多学科杂糅的宽广视野近乎颠覆了我们惯常观念中民法学者的传统形象。这种科际整合能力之造就，或许与荷兰开放、多元的法律传统、欧洲学者的多语言学术素养甚至个人的阅读训练与思维偏好有关，但这些并不妨碍此等崭新形象可望为未来妥适协调教义法学与社科法学之争提供一种良好的示范。既然法律的在地化最终不仅需要依托自主的规范法学，而且亦需仰赖本土社会经验的汲取，两者结合才可尽其全功，既然伴随社会治理的愈发细密，我国也会或多或少步西方后尘，从“自治型”的现代形式法治逐渐迈向“回应型”的后现代实质法治，进而引发法律的工具主义与实用主义倾向之勃兴，那么，为有效因应这种大趋势，未来理想的教义法学者就不能如以往那般画地为牢、自我设限，而更应在初步完成自身学术原始资本积累之后，效法先贤，努力将关注视角投向更为广阔的其他领域，深入耕耘，“知己知彼”，以期成就“经过教义法学进而超越之”的自我突破与自我完成。或许唯有如此复合思维之学人，才可能培养出知识、视野与德性兼具的法科学生，进而渐进影响甚至改变整个法律教育模式；或许唯有如此复合思维之学人，才可能与社科法学者进行相互理解基础之上的学术对话，进而协力造就既接轨大陆法思想谱系又同时契合本土国情的理论产品；或许唯有如此复合思维之学人，才可能形成自身最大的比较优势，依托由此撰写出的足堪形塑学术范式的经典著作，于万千俗常的学术同仁中脱颖而出，在中国学术的青史上留名。

初版问世之后，这本小书受到国内法学界诸师友的关注与青睐（过去两年，在台港两地研修期间，台湾政治大学苏永钦教授与香港城市大学陈磊教授皆曾先后向我言及此书）。时至今日，初版印数悉已售罄。有鉴于此，经与出版社商洽，决定将此书再版。同时，为增加新版的含金程度，除了对既有译文与译注进行技术性修订外，本人特意请求海塞林克教授在原有基础上额外增补一章（本书第六章），以期至少在形式观感上实现与首版最大限度的“区分”。这篇中文达三万余字的崭新章节，由吴雅婷女士负责翻译，本人负责校对。此版由两人共同署名的原因便在于此。当然，既然共署为本书译者，因误译、多译和漏译所生的任何问题，亦皆应由我们连带承担。此外，此书增订版之问世，不惟两位译者之付出，更仰赖高鸿钧教授（清华大学）、陈弘毅教授（香港大学）、柳经纬教授（中国政法大学）、吴越教授（西南财经大学）、李秀清教授（华东政法大学）、王轶教授（中国人民大学）、龙卫球教授（北京航空航天大学）、陈爱娥教授（台北大学）、朱庆育教授（浙江大学）、凌斌教授（北京大学）、吴泽勇教授（华东师范大学）、吴光荣教授（国家法官学院）、叶名怡教授（上海财经大学）以及陈磊教授（香港城市大学）等十四位顶尖中青法科学人的集体屈尊慷慨“站台”，提携之谊着实难得，足令本人终生感念！在过去大半年的频繁交流中，中国法制出版社王雯汀编辑所表现出的超凡职业素养，令本人印象深刻，感佩非常，谨此特表由衷谢忱。初版译后记，写就于2009年，近十年之后再看，不经意间忆起在异国求学的那段终生难忘的光辉岁月，感慨万千。彼时的文字虽然显得青涩异常，但字里行间蕴含的那种近乎无畏的韧性与斗志，或许会在未来的人生征途中一直激我前进励我前行。

魏磊杰谨识

2018年6月6日于厦大

图书在版编目（CIP）数据

新的欧洲法律文化 /（荷）马丁 · W. 海塞林克（Martin W. Hesselink）著；魏磊杰，吴雅婷译. —增订本. —北京：中国法制出版社，2018. 7
ISBN 978-7-5093-9587-5

Ⅰ. ①新… Ⅱ. ①马… ②魏… ③吴… Ⅲ. ①法律—文化研究—欧洲 Ⅳ. ① D909.5

中国版本图书馆 CIP 数据核字（2018）第 146548 号

策划编辑 舒 丹　　责任编辑 马 颖 王雯汀　　封面设计 蒋 怡

新的欧洲法律文化（增订版）
XINDE OUZHOU FALÜ WENHUA (ZENGDINGBAN)

著 者 / [荷兰] 马丁 · W. 海塞林克
译 者 / 魏磊杰、吴雅婷
经 销 / 新华书店
印 刷 / 三河市紫恒印装有限公司
开 本 / 787 毫米 ×1092 毫米 32 开
印 张 / 8.5
字 数 / 222 千

版次：2018 年 7 月第 1 版 / 2018 年 7 月第 1 次印刷
书号：ISBN 978-7-5093-9587-5　　定价：49.00 元

北京西单横二条 2 号
邮政编码：100031　　传真：010-66031119
网址：http://www. zgfzs. com　　编辑部电话：010-66060794
市场营销部电话：010-66033393　　邮购部电话：010-66033288

（如有印装质量问题，请与本社印务部联系调换。电话：010-66032926）